KB107071

朝鮮總督府 編纂 (1930~1935)

『普通學校國語讀本』
第三期 原文 下

(五, 六學年用; 卷九~卷十二)

김순전

박제홍・장미경・박경수・사희영 編

제이엔씨
Publishing Company

普通
學校
國語讀本 卷九

朝鮮總督府

普通
學校
國語讀本 卷十

朝鮮總督府

普通
學校
國語讀本 卷十一

朝鮮總督府

普通
學校
國語讀本 卷十二

朝鮮總督府

≪ 總 目 次 (下) ≫

巻十 (5學年 2學期, 1934)

もくろく

巻十一 (6學年 1學期, 1935)

目錄

序文

1. 조선총독부 편찬(1930~1935) 『普通學校國語讀本』 第三期 원문서 발간의 의의

베네딕트 앤더슨은 '국민국가'란 절대적인 존재가 아니라 상대적인 것이며, '상상된 공동체'라 하였으며, 이러한 공동체 안에서 국민국가는 그 상대성을 극복하기 위하여 학교와 군대, 공장, 종교, 문학 그 밖의 모든 제도와 다양한 기제들을 통해 사람들을 국민화 하였다. '근대국가'라는 담론 속에서 '국민'이란 요소는 이미 많은 사람들에 의해 연구되어져 왔고, 지금도 끊임없이 연구 중에 있다. 근대 국민국가의 이러한 국민화는 '국가'라는 장치를 통해 궁극적으로는 국가의 원리를 체현할 수 있는 개조된 국민을 이데올로기 교육을 통하여 만들어 내는 데 있다.

교과서는 무릇 국민교육의 정화(精華)라 할 수 있으며, 한 나라의 역사진행과 불가분의 관계를 가지고 있다. 따라서 교과서를 통하여 진리탐구는 물론, 사회의 변천 또는 당시의 문명과 문화 정도를 파악할 수 있다. 무엇보다 중요한 한 시대의 역사 인식 즉, 당시 기성세대는 어떤 방향으로 국민을 이끌어 가려 했고, 그 교육을 받은 세대(世代)는 어떠한 비전을 가지고 새 역사를 만들어가려 하였는지도 판독할 수 있다. 이렇듯 한 시대의 교과서는 후세들의 세태판독과 미래창조의 설계를 위한 자료적 측면에서도 매우 중요하다.

이에 일제강점기 조선의 초등학교에서 사용되었던 朝鮮總督府 編纂『普通學校國語讀本』(1930~1935) 원문서를 정리하여 발간하는 일은 한국근대사 및 일제강점기 연구에 크게 기여할 수 있는 필수적 사항이다. 이는 그동안 사장되었던 미개발 자료의 일부를 발굴하여 체계적으로 정리해 놓는 일의 출발로서 큰 의의가 있을 것이다. 이로써 한국학(韓國學)을 연구하는 데 필요한 자료를 제공함은 물론, 나아가서는 1907년부터 1945년 8월까지 한국에서의 일본어 교육과정을 알 수 있는 자료적 의미도 상당하다고 할 수 있다. 특히 1960년대부터 시작된 한국의 일본학연구는 1990년경에 연구자들에 회자되었던 '한국에서 일본연구의 새로운 지평열기'에 대한 하나의 방향 및 대안 제시로 볼 수도 있을 것이다.

지금까지 우리들은, "일본이 조선에서 어떻게 했다"는 개괄적인 것은 수없이 들어왔으나, "일본이 조선에서 이렇게 했다"는 실제를 보여준 적은 지극히 드물었다. 이는 '먼 곳에 서서 숲만 보여주었을 뿐, 정작 보아야 할 숲의 실체는 볼 수 없었다.' 는 비유와도 상통하기에 그러한 것들 대부분이 신화처럼 화석화되었다 해도 과언이 아닐 것이다. 따라서 일제강점기 조선 아동용 일본어 입문 교과서인『普通學校國語讀本』에 대한 재조명은 '일본이 조선에서 일본어를 어떻게 가르쳤는가?'를 실제로 보여주는 작업이 될 것이며, 또한 이 시대를 사는 우리들이 과거 긴박했던 세계정세의 흐름을 통하여 오늘날 급변하는 세계에 대처해 나갈 능력을 키울 수 있으리라고 본다. 이를 기반으로 일제의 식민지정책의 변화 과정과 초등교과서의 요소요소에 스며들어 있는 일본문화의 여러 양상을 중층적 입체적 구체적으로 파악하고, 새로운 시점에서 보다 나은 시각으로 당시의 모든 문화와 역사, 나아가 역사관을 구명할 수 있는 기초자료로 활용되기를 기대한다.

2. 근대 조선의 일본어 교육

1) 일본의 '國語' 이데올로기

근대에 들어와서 국가는 소속감, 공통문화에 대한 연대의식과 정치적 애국심을 바탕으로 강력한 국민국가의 형태로 나타나게 되었고, 외세의 침입으로부터 국가를 보호하기 위해 국민을 계몽하고 힘을 단합시키는데 국가적 힘을 결집하게 된다. 그리고 국가가 필요로 하는 국민을 만들기 위해 공교육제도를 수립하고, 교육에 대한 통제를 강화하여 교육을 국가적 기능으로 편입시키게 된다.

국가주의는 국민(nation)의 주체로서 구성원 개개인의 감정, 의식, 운동, 정책, 문화의 동질성을 기본으로 하여 성립된 근대 국민국가라는 특징을 갖고 있다. 국가주의의 가장 핵심적인 요소는 인종, 국가, 민족, 영토 등의 객관적인 것이라고 하지만 公用語와 문화의 동질성에서 비롯된 같은 부류의 존재라는 '우리 의식'(we~feeling) 내지 '自覺'을 더욱 중요한 요인으로 보는 것이 일반적이다. 여기에서 더 나아가 '우리 의식'과 같은 국민의식은 국가를 위한 운동, 국가 전통, 국가 이익, 국가 안전, 국가에 대한 사명감(使命感) 등을 중시한다. 이러한 국민의식을 역사와 문화 교육을 통하여 육성시켜 강력한 국가를 건설한 예가 바로 독일이다. 근대 국민국가의 어떤 특정한 주의, 예를 들면 독일의 나치즘(Nazism), 이탈리아의 파시즘(Fascism), 일본의 쇼비니즘(Chauvinism)은 맹목적인 애국주의와 국수주의적인 문화, 민족의식을 강조하고, 이러한 의식을 활용하여 제국적인 침략주의로 전락하고 있는 것도 또 하나의 특징이다.

'Ideology'란 용어는 Idea와 Logic의 합성어로서 창의와 논리의 뜻을 담고 있다. Engels와 Marx의 이념 정의를 요약하면, "자연, 세계, 사회 및 역사에 대해 가치를 부여하고 그 가치성을 긍정적, 부정적으로 평가하는 동의자와 일체감을 형성하여 그 가치성을 행동으로 성취하는 행위"[1]라는 것이다. 따라서 Ideology란 '개인의 의식 속에 내재해 있으면서도 개인의식과는 달리 개인이 소속한 집단, 사회, 계급, 민족이 공유하고 있는 〈공동의식〉, 즉 〈사회의식〉과 같은 것'이라 할 수 있다.

메이지유신 이후 주목할 만한 변화를 보면, 정치적으로는 〈國民皆兵制〉(1889)가 실시되고, 〈皇室典範〉(1889)이 공포되어 황실숭상을 의무화하는가 하면, 〈大日本帝國憲法〉(1889)이 반포되어 제국주의의 기초를 마련한다. 교육적으로는 근대 교육제도(學制, 1872)가 제정 공포되고, 〈敎育勅語〉(1890)와 「기미가요(君が代)」(1893) 등을 제정하여 제정일치의 초국가주의 교육체제를 확립하였으며,[2] 교과서정책 또한 메이지 초기 〈自由制〉, 1880년 〈開申制(届出制)〉, 1883년 〈認可制〉, 그리고 1886년 〈檢定制〉를 거쳐, 1904年 〈国定教科書〉 정책으로 규제해 나간다.

일본어의 口語에 의해, 우에다 가즈토시(上田萬年)가 주장했던 '母語 = 國語' 이데올로기는 보다 구체화되었다. 그러나 그 중핵은 학습에 의해서만 습득할 수 있는 극히 인위적인 언어였음에도 불구하고 근대일본의 여러 제도(교육, 법률, 미디어 등)는, 이 口語에 의해 유지되어, '母語 = 國語' 이데올로기로 확대 재생산되기에 이르렀으며, 오늘날에도 '일본어 = 국어'는 일본인에 있어서 대단히 자명한 사실인 것처럼 받아들여지고 있다.

일본은 국가신도(國家神道)를 통하여 일본인과 조선인에게 천황신성사상의 이데올로기를 심어주려 하였다. 만세일계의 황통이니, 팔굉일우(八紘一宇)니, 국체명징(國體明徵)이니, 기미가요(君が代) 등으로 표현되는 천황에 대한 충성심, 희생정신이 일본국가주의의 중심사상으로 자리 잡게 된

---

1) 高範瑞 외 2인(1989), 『現代 이데올로기 總論』, 학문사, pp.11~18 참조
2) 黃惠淑(2000), 「日本社會科教育의 理念變遷研究」, 韓國教員大學校 大學院 博士學位論文, p.1

것이다. 즉, '명령과 절대복종'식의 도덕성과 충군애국사상을, 교육을 통해서 심어주고자 한 것이 '국가주의'에 의한 일본식 교육이었음을 알 수 있다.

2) 합병 후 조선의 교육제도와 일본어 교육

조선에 있어서 일본어 교육은 식민지의 특수한 상황에서 일본식 풍속미화의 동화정책을 시행하기 위해 가장 기본적인 수단으로 중요시되었다. 이는 말과 역사를 정복하는 것이 동화정책의 시작이요 완성이라는 의미이다.

조선에 있어서 일본어 교육은 식민지의 특수한 상황에서 일본식 풍속미화의 동화정책을 시행하기 위해 가장 기본적인 수단으로 중요시되었다. 이는 말과 역사를 정복하는 것이 동화정책의 시작이요 완성이라는 의미이다.

한국이 일본에 합병되던 1910년 8월 29일, 일본의 메이지천황은 다음과 같은 합병에 관한 조서(詔書)를 하달하였다.

> 짐은 동양의 평화를 영원히 유지하고 제국의 안전을 장래에 보장할 필요를 고려하여…조선을 일본제국에 합병함으로써 시세의 요구에 응하지 않을 수 없음을 염두에 두어 이에 영구히 조선을 제국에 합병하노라…下略…3)

일제는 한일합병이 이루어지자, 〈大韓帝國〉을 일본제국의 한 지역으로 인식시키기 위하여 〈朝鮮〉으로 개칭(改稱)하였다. 그리고 제국주의 식민지정책 기관으로 〈朝鮮總督府〉를 설치하고, 초대 총독으로 데라우치 마사타케(寺内正毅)를 임명하여 무단정치와 제국신민 교육을 병행하여 추진하였다. 따라서 일제는 조선인 교육정책의 중점을 '점진적 동화주의'에 두고 풍속미화(풍속의 일본화), 일본어 사용, 국정교과서의 편찬과 교원양성, 여

---

3) 教育編纂会 『明治以降教育制度発達史』 第十卷 1964년 10월 p.41, 朝鮮教育研究會, 『朝鮮教育者必讀』, 1918년, pp.47~48 참조

자교육과 실업교육에 주력하여 보통교육으로 관철시키고자 했다. 특히 일제 보통교육 정책의 근간이 되는 풍속미화는 황국신민의 품성과 자질을 육성하기 위한 것으로 일본의 국체정신과 이에 대한 충성, 근면, 정직, 순량, 청결, 저축 등의 습속을 함양하는데 있었다. 일본에서는 이를 〈통속교육위원회〉라는 기구를 설치하여 사회교화라는 차원에서 실행하였는데, 조선에서는 이러한 사회교화 정책을, 보통학교를 거점으로 구상한 점이 일본과 다르다 할 수 있다.[4]

조선총독부는 한국병합 1년 후인 1911년 8월 24일 〈朝鮮敎育令〉[5]을 공포함으로써 교육령에 의한 본격적인 동화교육에 착수한다. 초대 조선총독 데라우치 마사타케(寺内正毅, 이하 데라우치)의 교육에 관한 근본방침에 근거한 〈朝鮮敎育令〉은 全文 三十條로 되어 있으며, 그 취지는 다음과 같다.

> 조선은 아직 일본과 사정이 같지 않아서, 이로써 그 교육은 특히 덕성(德性)의 함양과 일본어의 보급에 주력함으로써 황국신민다운 성격을 양성하고 아울러 생활에 필요한 지식 기능을 교육함을 본지(本旨)로 하고……
> 조선이 제국의 융운(隆運)에 동반하여 그 경복(慶福)을 만끽함은 실로 후진 교육에 중차대한 조선 민중을 잘 유의시켜 각자 그 분수에 맞게 자제를 교육시켜 成德 達才의 정도에 따라야 할 것이며, 비로소 조선의 민중은 우리 皇上一視同仁의 홍은(鴻恩)을 입고, 一身一家의 福利를 향수(享受)하고 人文 발전에 공헌함으로써 제국신민다운 열매를 맺을 것이다.[6]

이에 따라 교사의 양성에 있어서도 〈朝鮮敎育令〉에 의하여, 구한말 고

---

4) 정혜정·배영희(2004), 「일제 강점기 보통학교 교육정책연구」, 『敎育史學 硏究』, 서울대학교 敎育史學會 편, p.166 참조
5) 敎育編纂会(1964. 10), 『明治以降敎育制度発達史』 第十卷, pp.60~63
6) 조선총독부(1964. 10), 『朝鮮敎育要覽』, 1919년 1월, p.21. 敎育編纂会 『明治以降敎育制度発達史』 第十卷, pp.64~65

종의 〈교육입국조서〉의 취지에 따라 설립했던 기존의 '한성사범학교'를 폐지하고, '관립고등보통학교'와 '관립여자고등보통학교'를 졸업한 자를 대상으로 1년간의 사범교육을 실시하여 배출하였다. 또한 부족한 교원은 '경성고등보통학교'와 '평양고등보통학교'에 부설로 수업기간 3개월의 임시교원 속성과를 설치하여 〈朝鮮教育令〉의 취지에 맞는 교사를 양산해 내기에 이른다.

데라우치가 제시한 식민지 교육에 관한 세 가지 방침은, 첫째, '조선인에 대하여 〈教育勅語〉(Imperial rescript on Education)의 취지에 근거하여 덕육을 실시할 것.' 둘째, '조선인에게 반드시 일본어를 배우게 할 것이며 학교에서 教授用語는 일본어로 할 것.' 셋째, '조선인에 대한 교육제도는 일본인과는 별도로 하고 조선의 時勢 및 民度에 따른 점진주의에 의해 교육을 시행하는 것'이었다.

〈제1차 조선교육령〉(1911)에 의거한 데라우치의 교육방침은 "일본인 자제에게는 학술, 기예의 교육을 받게 하여 국가융성의 주체가 되게 하고, 조선인 자제에게는 덕성의 함양과 근검을 훈육하여 충량한 국민으로 양성해 나가는 것"[7]을 식민지 교육의 목표로 삼았다. 데라우치의 이러한 교육목표에 의하여, 일상생활에 '필수(必須)한 知識技能'을 몸에 익혀 실세에 적응할 보통교육을 강조하는 한편, 1911년 11월의 「일반인에 대한 유고(諭告)」에서는 '덕성의 함양'과 '일본어 보급'을 통하여 '신민양성의 필요성'을 역설하기도 했다. 이에 따라 보통학교의 교육연한은 보통학교 3~4년제, 고등보통학교 4년제, 여자고등보통학교 3년제로 정해졌으며, 이와 관련된 사항을 〈朝鮮教育令〉에 명시하였다.

한편 일본인학교의 교육연한은 초등학교 6년제, 중학교 5년제, 고등여학교 5년제(1912년 3월 府令 제44호, 45호)로 조선인과는 다른 교육정책으로

---

7) 정혜정·배영희(2004), 위의 논문, p.167

복선형 교육제도를 실시하였음을 알 수 있다.

〈제1차 조선교육령〉과 〈보통학교시행규칙〉에 의한 보통학교 교과목과 교과과정, 그리고 수업시수를 〈표 1〉로 정리하였다.[8]

〈표 1〉〈제1차 조선교육령〉 시기 보통학교 교과과정과 주당 교수시수(1911~1921)[9]

학년 과목	1학년		2학년		3학년		4학년	
	과정	시수	과정	시수	과정	시수	과정	시수
수신	수신의 요지	1	좌동	1	좌동	1	좌동	1
국어	독법, 해석, 회화, 암송, 받아쓰기, 작문, 습자	10	좌동	10	좌동	10	좌동	10
조선어 及한문	독법, 해석, 받아쓰기, 작문, 습자	6	좌동	6	좌동	5	좌동	5
산술	정수	6	좌동	6	좌동, 소수, 제등수, 주산	6	분수, 비례, 보합산, 구적, 주산	6
이과					자연계의 사물현상 및 그의 이용	2	좌동, 인신생리 및 위생의 대요	2
창가	단음창가	3	좌동	3	좌동	3	좌동	3
체조	체조, 보통체조				좌동		좌동	
도화	자재화				좌동		좌동	
수공	간이한 세공				좌동	2	좌동	2
재봉及 수공	운침법, 보통의류의 재봉, 간이한 수예		보통 의류의 재봉법, 선법, 간이한 수예		좌동 및 의류의 선법		좌동	
농업초보					농업의 초보 및 실습		좌동	
상업초보					상업의 초보		좌동	
계		26		26		27		27
국어 /전체시수 (%)		38		38		37		37

---

8) 朝鮮敎育會(1935), 『朝鮮學事例規』, pp.409~410 참조
9) 〈표 1〉은 김경자 외(2005), 『한국근대초등교육의 좌절』, p.77을 참고하여 재작성 하였음.

〈표 1〉에서 알 수 있듯이 1, 2학년의 교과목에는 「수신」 「국어」 「조선어및한문」 「산술」 「창가」에 시수를 배정하였으며, 「체조」 「도화」 「수공」 「재봉및수공(女)」 과목은 공식적으로 시수를 배정하지 않고 교과과정만을 명시하여 교사의 재량에 따라 교육과정을 이수하게 하였다. 그리고 3, 4학년과정에서 「조선어및한문」을 1시간을 줄이고 「수공」에 2시간을 배정함으로써 차츰 실용교육에 접근하고 있다.

가장 주목되는 것은 타 교과목에 비해 압도적인 시수와 비중을 차지하고 있는 '國語(일본어)' 과목이다. 언어교육이란 지배국의 이데올로기를 담고 있기 때문에 일본어교육은 일제가 동화정책의 출발점에서 가장 중요시하였던 부분이었다. 일본어교육 차원에서 '國語'과목의 주된 교과과정을 보면 〈표 1〉에 나타나있듯이 독법, 회화, 암송, 작문, 습자 등이다. 그런데 내용면에서 볼 때 '國語'과목 안에는 「역사」 「지리」 「생물」 「과학」이 포함되어 있어, 교재『國語讀本』은 식민지교육을 위한 종합교과서인 셈이다. 여기에 일본의 사상, 문화, 문명은 물론 '실세에 적응할 보통교육' 수준의 실용교육에 까지 접근하고 있기 때문에 40%에 가까운 타 교과목에 비해 압도적인 시수를 배정하여 집중적으로 교육하였음을 알 수 있다.

3. 〈제2차 조선교육령〉 시기의 일본어 교육

1) 3·1 독립운동과 〈조선교육령〉의 개정

합병 후 일제는 조선총독부를 설치하고 무단 헌병정치로 조선민족을 강압하였다. 일제는 일제의 침략에 항거하는 의병과 애국계몽운동을 무자비하게 탄압하고 강력한 무단정치를 펴나가는 한편, 민족고유문화의 말살, 경제적 침탈의 강화로 전체 조선민족의 생존에 심각한 위협을 가했다. 일제는 민족자본의 성장을 억제할 목적으로 〈회사령(會社令)〉(1910)을 실시함으로써 총독의 허가를 받아야만 회사를 설립할 수 있도록 제한하였고, 〈조선광업령(朝鮮鑛業令)〉(1915), 〈조선어업령(朝鮮漁業令)〉(1911) 등을 통해 조선에 있는 자원을 착출하였다. 또한 토지조사사업(土地調査事業, 1910~18)으로 농민의 경작지를 국유지로 편입시킴에 따라 조상전래의 토지를 빼앗기고 빈농 또는 소작농으로 전락하기에 이르러, 극히 일부 지주층을 제외하고는 절박한 상황에 몰리게 되었다. 이렇듯 식민통치 10년 동안 자본가, 농민, 노동자 등 사회구성의 모든 계층이 식민통치의 피해를 직접적으로 체감하게 되면서 민중들의 정치, 사회의식이 급격히 높아져 갔다.

육군대신 출신이었던 초대 총독 데라우치에서 육군대장 하세가와 요시미치(長谷川好道)총독으로 계승된 무단통치는 조선인들의 반일감정을 더욱 고조시켜 마침내 〈3·1독립운동〉이라는 예상치 못한 결과를 초래하게 되었다.

1918년 1월 미국의 윌슨대통령이 전후처리를 위해 〈14개조 평화원칙〉을 발표하고 민족자결주의를 제창함에 따라, 동년 말 만주 지린에서 망명 독립 운동가들이 무오독립선언을 통하여 조선의 독립을 주장하였고, 조선 재일유학생을 중심으로 한 〈2·8 독립선언〉으로 이어졌다. 여기에 고종의 독살설이 소문으로 퍼진 것이 계기가 되어 지식인, 종교인들이 조선독립의 불길을 지피게 되자, 삽시간에 거족적인 항일민족운동으로 번져나갔다.

여기에 고종의 독살설이 소문으로 퍼진 것이 계기가 되어 지식인, 종교인들이 조선독립의 불길을 지피게 되자, 삽시간에 거족적인 항일민족운동으로 번져나갔다. 특히 고종황제의 인산(因山, 국장)일이 3월 3일로 결정되자 손병희를 대표로 하여, 천도교, 기독교, 불교 등 종교단체의 지도자로 구성된 민족대표 33인은 많은 사람들이 서울에 모일 것을 예측하고,

3월 1일 정오를 기하여 파고다공원에 모여 〈독립선언서〉를 낭독한 후 인쇄물을 뿌리고 시위운동을 펴기로 하였으며, 각 지방에도 미리 조직을 짜고 독립선언서와 함께 운동의 방법과 날짜 등을 전달해두었다. 독립선언서와 일본정부에 대한 통고문, 그리고 미국대통령, 파리강화회의 대표들에게 보낼 의견서는 최남선이 기초하고, 제반 비용과 인쇄물은 천도교측이 맡아, 2월27일 밤 보성인쇄소에서 2만 1천장을 인쇄, 은밀히 전국 주요 도시에 배포했다. 그리고 손병희 외 33명의 민족대표는 3월 1일 오후 2시 정각 인사동의 태화관(泰和館)에 모였다. 한용운의 〈독립선언서〉 낭독이 끝나자, 이들은 모두 만세삼창을 부른 후 경찰에 통고하여 자진하여 체포당했다.

한편, 파고다공원에는 5천여 명의 학생들이 모인 가운데 정재용(鄭在鎔)이 팔각정에 올라가 독립선언서를 낭독하고 만세를 부른 후 시위에 나섰는데 시위행렬에 수만의 시민들이 가담하였다. 다음날에는 전국 방방곡곡에서 독립만세와 시위운동이 전개되자 조선총독부는 군대와 경찰을 동원하여 비무장 평화적 시위를 벌이는 군중에 대해 무자비한 공격을 가함으로써, 유관순을 비롯한 수많은 사람들이 학살이나 부상당하거나 투옥되었으며, 민족대표를 위시한 지도자 47명은 내란죄로 기소되었다.

〈3·1운동〉 이후 전국적으로 퍼져나간 시위운동 상황에 대한 일본 측 발표를 보면, 집회회수 1,542회, 참가인원수 202만3,089명에 사망 7,509명, 부상 1만5,961명, 검거된 인원은 52,770명에 이르렀으며, 불탄 건물은 교회 47개소, 학교 2개교, 민가 715채에 달하였다. 이 거족적인 독립운동은 일제의 잔인한 탄압으로 인해 많은 희생자를 낸 채, 비록 목표에는 도달하지 못했지만, 국내외적으로 한민족의 독립정신을 선명히 드러내어 근대민족운동의 시발점이 되었다. 이는 아시아 및 중동지역의 식민지 및 반식민지 민족운동 등에도 영향을 끼쳤는데, 특히 중국의 〈5·4 운동〉, 인도의 무저

항 배영(排英)운동인 〈제1차 사타그라하운동〉, 이집트의 반영자주운동, 터키의 민족운동 등 아시아 및 중동지역의 민족운동을 촉진시킨 것으로도 높이 평가되었다.

이처럼 3·1운동은 한국인들의 민족의식 고취와 함께 거국적인 독립운동을 촉진시켜 급기야 상해임시정부가 수립되는 성과를 얻게 되었으며, 대내적으로는 일제의 무단통치를 종결시키는 계기가 된다.

3·1운동 이후의 조선총독정치의 재편과 문화통치의 실시에는 당시 일본 수상이었던 하라 다카시(原敬)의 아이디어가 많이 작용했다. 하라는 한반도에서의 독립만세운동 사건을 접한 후 조선통치방법에 변화의 필요성을 느끼고 조선총독부 관제를 개정함과 동시에 새로운 인사 조치를 단행했다. 그리하여 하세가와(長谷川) 총독의 사표를 받고, 이어 제3대 총독으로 사이토 마코토(斎藤實)를 임명하여 문화정치를 표방하면서 조선인의 감정을 무마하려고 하였다. 새로 부임한 사이토는 1919년 9월 3일 새로운 시정방침에 대한 훈시에서 "새로운 시정방침이 천황의 聖恩에 의한 것"이라고 전제하고 "內鮮人으로 하여금 항상 동포애로 相接하며 공동협력 할 것이며, 특히 조선인들은 심신을 연마하고 문화와 民力을 향상시키기를 바란다."[10]고 했는데, 이때부터 총독의 공식적인 발언에서 '내선융화'라는 단어가 빈번하게 사용되었다. 이러한 식민지 융화정책의 일환으로 1919년 말에는 3面 1校制[11]를 내세워 조선인도 일본인과 동일하게 처우할 것임을 공언하였으며, 1920년에는 부분적으로 개정된 교육령(칙령 제19호)을 제시하여 〈일시동인〉의 서막을 열었다. 그리고 1922년 2월 교육령을 전면 개정하여 전문 32개조의 〈제2차 조선교육령〉을 공포하였는데, 이는 3·1 독립운동

---

10) 조선총독부(1921), 『朝鮮에 在한 新施政』, pp.54~56
11) 3面 1校制: 1919년에 실시된 것으로 3개의 面에 하나의 학교 설립을 의미한다. 이후 1929년 1面 1교제를 실시하게 되어 면 지역을 중심으로 학교가 급증하게 된다. 윤병석(2004), 『3·1운동사』, 국학자료원 p.47

으로 대표되는 조선인의 저항에 따른 식민지교육에 대한 부분적인 쾌도수
정이었다 할 수 있겠다.

〈제2차 조선교육령〉의 특기할만한 점은 '일시동인(一視同仁)'을 추구하
여 일본 본토의 교육제도에 준거하여 만들어졌다는 점이다. 그럼에도 초등
교육에 대한 취지와 목적은 〈제1차 조선교육령〉과 거의 동일하다. 이는
당시 조선총독부에서 제시한 신교육의 요지와 개정된 교육령의 항목에서
찾을 수 있다.

> 보통교육은 국민 된 자격을 양성하는 데 있어 특히 긴요한 바로서 이 점에
> 있어서는 법령의 경개에 의하여 변동이 생길 이유가 없음은 물론이다.
> 즉 고래의 양풍미속을 존중하고 순량한 인격의 도야를 도모하며 나아가서
> 는 사회에 봉사하는 념(念)을 두텁게 하여 동포 집목의 미풍을 함양하는
> 데 힘쓰고 또 일본어에 숙달케 하는데 중점을 두며 근로애호의 정신을
> 기르고 흥업치산의 지조를 공고히 하게 하는 것을 신교육의 요지로 한
> 다.12)

> 보통학교는 아동의 신체적 발달에 유의하여, 이에 덕육을 실시하며, 생활
> 에 필수한 보통의 지식 및 기능을 수여하여 국민으로서의 성격을 함양하
> 고 국어를 습득시킬 것을 목적으로 한다.13)

표면적으로는 "고래의 양풍미속을 존중"하고 "순량한 인격의 도야를 도
모"하며 "동포 집목의 미풍을 함양하는데 힘쓰고" 있음을 표명하고 있지만,
교육 목적에 있어서는 이전과 별반 다를 바 없다. "덕육"과 "생활에 필수적
인 보통의 지식과 기능" 위주의 교육으로 학교에서 가르쳐야 할 것을 생활

---

12) 조선총독부(1922), 「관보」, 1922. 2. 6
13) 〈제2차 조선교육령〉 제4조

의 '필요'에 한정하고 있으며, 또한 "신체적 발달"과 "국민으로서의 성격 함양", "國語(일본어) 습득"에 초등교육 목적을 둔 것은 충량한 신민 육성을 위한 교육적 의도가 그대로 함축되어 있음을 알 수 있다.

또 하나 특기할만한 점은 교육제도와 수업연한 등에서 이전과는 다른 변화를 찾을 수 있었던 점이다. 종래의 저급한 학교체계를 내지연장주의 차원에서 일본과 동일한 체계로 나아가려 한 것이나, 사범교육과 대학교육을 첨가한 것, 보통교육, 실업교육, 전문교육 등에서 수업연한을 다소 연장하였던 것은 이전에 비해 눈에 띄게 변화한 부분이다. 그러나 법령 제3조에서 '국어(일본어)를 상용하는 자와 그렇지 않은 자'를 구별하였으며, 종래와 같이 일본인을 위한 소학교와 조선인을 위한 보통학교를 여전히 존속시킴으로써 실질적으로는 민족차별을 조장하기도 하였다.

〈제2차 조선교육령〉은 초등교원임용에 관한 정책에도 변화를 초래하였다. 조선총독부는 기존의 교원양성과정을 정리하고, 관공립사범학교를 위주로 하여 교원양성교육을 실시하도록 하였다.

공립사범학교는 〈제2차 조선교육령〉의 〈사범학교규정〉에 의해 1922년부터 1923년까지 12개도에 공립특과사범학교 형태로 설치되었는데, 2년제 고등소학교 졸업자 또는 이와 동등 이상의 학력이 있는 자가 입학 할 수 있었으며, 수업연한은 처음에는 2년이었다가 1924년부터 3년으로 연장되었다. 특과의 교과목으로는 수신, 교육, 국어, 역사, 지리, 수학, 이과, 도화, 수공, 음악, 체조, 농업, 조선어 및 한문이 부과되었고, 학생에게는 학자금과 기숙사가 제공되었다. 이러한 혜택은 복무 의무와도 연결되어 3년제 특과 관비 졸업자는 4년의 의무 복무 기간을, 2년제 관비 졸업자는 3년, 특과 사비 졸업자는 2년의 복무 기간을 이행해야 했다. 그럼에도 이러한 조치와는 별도로 관립중등학교에 부설했던 사범과를 1925년까지 계속 유지시켰는데, 이는 부족한 초등교원을 양산하기 위함이었을 것이다.

이 시기 교원자격시험에 있어서도 간간히 변화가 있었다. 1922년 4월 8일 〈조선총독부령〉 제58호의 교원자격시험은 종전과 같이 3종으로 나누었고, 제1종 시험과목 및 그 정도는 남자에 있어서는 사범학교 남생도, 여자에 있어서는 사범학교 여학생에 관한 학과목 및 그 정도에 준하는 정도로 하였다. 또한 소학교 교원자격을 가진 자에게는 '영어' 및 '조선어' 과목을 부가하고, 보통학교 교원자격을 가진 자에게는 '영어'와 '농업' 혹은 '상업'과목을 부가하였다. 제2종 시험의 시험과목 및 그 정도는 남자에게는 사범학교 특과 남생도에, 여자에게는 사범학교 특과 여학생에 부과한 학과목 및 그 정도에 준하도록 하였으며, 그 중 소학교 교원자격을 가진 자는 '조선어'와 '농업' 혹은 '상업'과목에서 선택하도록 하였다. 제3종 시험은 국어(일본어) 상용자로, 한국인에 한하여 치르도록 하였는데, 제3종 시험에 급제한 자에게 제2종 시험을 치를 수 있게 하고, 제2종 시험에 합격한 자에게는 제1종 시험을 치를 수 있는 자격을 주었다.[14]

교원자격시험과 관련된 정책은 이듬해인 1923년에 다시 한 번 개정된다. 제1종 시험은 조선총독부에서, 제2종, 제3종 시험은 각 도에서 시행하도록 하였는데, 일본인 교원임용과 관련된 사항은 조선총독부에서 행하고, 한국인 교원임용과 관련된 사항은 각 도에서 행하도록 하였다.[15] 그리고 1925년에는 제1종에서 제3종까지 모든 교원시험과 관련된 정책 권한을 각 도로 이양[16]하게 되었다.

2) 교과목과 수업시수

〈제2차 조선교육령〉에서 이전의 교육령에 비해 눈에 띄게 변화된 점이

---

14) 김경자 외(2005), 앞의 책, pp.185~186 참조.
15) 조선총독부(1923), 「관보」, 1923.4.18.
16) 조선총독부(1925), 「관보」, 1925.12.23.

있다면 바로 보통학교의 수업연한이 6년제로 바뀐 점이다. 조선총독부는 이 규정을 제5조에 "보통학교의 수업 연한은 6년으로 한다. 단 지역의 정황에 따라 5년 또는 4년으로 할 수 있다."로 명시하여 지역 상황에 따른 수업연한의 유동성을 예시하였다.

교과목으로는 「수신」, 「국어」, 「조선어」, 「산술」, 「일본역사」, 「지리」, 「이과」, 「도화」, 「창가」, 「체조」, 「재봉(여)」을 정과로 규정하는 한편 〈보통학교규정〉 제7조에서 "지역의 정황에 따라 「수공」을 가하며, 선택과목으로 「농업」, 「상업」, 「한문」 중 1과목 또는 수과목을 가할 수 있다."와, "수업연한을 4년으로 하는 경우 교과목 중 「일본역사」, 「지리」는 뺄 수 있고, 「농업」, 「상업」, 「한문」을 가할 수 없다."고 명시하고 있어, 지역의 정황이나 수업연한에 따라 교과목을 조정할 수 있도록 하고 있다. 이에 따른 교과목과 주당 교육시수를 〈표 2〉에서 살펴보자.

〈표 2〉 〈제2차 조선교육령〉에 의한 보통학교 교과목 및 주당 교수시수

학제	4년제 보통학교				5년제 보통학교					6년제 보통학교					
과목\학년	1	2	3	4	1	2	3	4	5	1	2	3	4	5	6
수신	1	1	1	1	1	1	1	1	1	1	1	1	1	1	1
국어	10	12	12	12	10	12	12	12	9	10	12	12	12	9	9
조선어	4	4	3	3	4	4	3	3	3	4	4	3	3	3	3
산술	5	5	6	6	5	5	6	6	4	5	5	6	6	4	4
일본역사									5					2	2
지리														2	2
이과			3					2	2				2	2	2
도화			1	1			1	1	2(남)1(여)				1	2(남)1(여)	2(남)1(여)
창가			1	1			1	1	1				1	1	1
체조	3	3	3(남)2(여)	3(남)2(여)	3	3	1	3(남)2(여)	3(남)2(여)	3	3	3	3(남)2(여)	3(남)2(여)	3(남)2(여)

재봉			2	2				2	3				2	3	3
수공															
계	23	25	27(남) 28(여)	27(남) 28(여)	23	25	27	29(남) 31(여)	30(남) 31(여)	23	25	27	29(남) 30(여)	29(남) 30(여)	29(남) 30(여)

〈제2차 조선교육령〉시행기는 〈제1차 조선교육령〉시행기에 비하여 '조선어 및 한문'이 '조선어'과목으로 되어 있으며, 수업시수가 이전에 비해 상당히 줄어든 반면, 國語(일본어)시간이 대폭 늘어났다. 4년제 보통학교의 경우 조선어 교과의 비중감소나 직업교과의 비중감소 등은 6년제와 유사하다. 그러나 5년제, 6년제에 비해 역사, 지리 등의 교과가 개설되지 않았다는 점에서 이 시기의 4년제 보통학교는 간이교육기관의 성격을 띠고 있었음을 알 수 있다. 표면적으로는 내선융화를 추구하였으나 「역사」와 「지리」과목을 별도로 신설하여 5, 6학년 과정에 배치함으로써 조선아동에게 일본역사와 일본지리 위주의 역사, 지리를 교육하고자 하였던 점도 빼놓을 수 없다.

한편 〈제2차 조선교육령〉의 '교수상의 주의사항'을 〈제1차 조선교육령〉기와 비교해 보면 국어(일본어) 사용과 관련된 기존의 항목만이 삭제되고 나머지는 거의 유사하지만, 일본어 사용에 대한 명시적인 강조가 사라진 것은 주목할 만하다. 이 또한 조선의 전반적인 사회분위기를 고려한 것으로 추정된다.

3) 이후의 교육정책 변화와 교과서 개정

〈제2차 조선교육령〉이 이전과 다른 점은 내지연장주의 교육이라는 틀 아래 일본의 소학교와 동일한 학제를 유지하기 위하여 보통학교 학제를 6년제로 개편한 점이다. 그런데 학제개편에 따른 교과서 출판이 원활하지 못한 관계로 조선총독부에서 편찬한 第二期『普通學敎國語讀本』는 1~4학

년용 8권만이 출판되었고, 5~6학년 교과서는 급한 대로 문부성 발간『尋常
小學國語讀本』을 가져와 그대로 사용하였다.

이 시기 독본 교과서 편찬을 담당한 사람은 당시 조선총독부 학무국 소
속 교과서 편수관으로 일본 국정교과서 편찬에도 참여했던 아시다 에노스
케(芦田惠之助)였다. 아시다는 당시 조선총독 사이토 마코토(齋藤實)가 공
포한 〈제2차 조선교육령〉의 취지에 입각하여 다양한 방법으로 '內鮮融和'
의 길을 모색하여 교과서에 반영하게 되었다.

1922년 2월 〈제2차 조선교육령〉이 조선총독부에 의해 발포된 이래 급변
하는 시대에 따른 교육정책은 7차례(1923, 1926, 1927, 1929, 1931, 1934,
1937)에 걸쳐 개정된 〈보통학교규정〉에서 찾을 수 있다. 개정된 〈보통학교
규정〉의 주요 항목을 열거해 보면,

① 1923년 7월 31일 〈조선총독부령〉 제100호에서 4년제 보통학교의 학과
   목의 학년별 교수정도와 매주 교수시수표상의 산술 과목 제 4학년 과
   정에 '주산가감'을 첨가하도록 하였다.
② 1926년 2월 26일 〈조선총독부령〉 제19호의 제7조 제3항으로서 4년제
   보통학교에서는 농업, 상업을 삭제하고, 또 필수과목이나 선택과목으
   로 한문의 경우 제5학년, 제6학년에서 이를 가하고 이의 매주 교수시
   수는 전항의 예에 의하는 것으로 부분 개정하였다.
③ 1927년 3월 31일자 〈조선총독부령〉 제22호로 〈보통학교규정〉을 개정
   하여, 교과목 중 「일본역사」를 「국사」로 과목명을 바꾸었다.
④ 1929년 6월 20일자 〈조선총독부령〉 제58호에서 새로이 제시된 교과과
   정표를 살펴보면 주당 전체 수업시간이 남학생의 경우 161시간에서
   170시간으로 늘어났으며, 학년별 수업시간도 1학년은 24시간, 2학년
   은 26시간, 3학년은 27시간으로 늘어났다.

이에 따라 1학년은 하루 평균 4시간, 2학년과 3학년의 경우 일주일에 2~3일은 5시간 수업을 실시하였을 것으로 추정된다. 그리고 4학년 이상에 새로운 필수과목으로 '직업과'가 부과되었는데, 이는 본격적인 직업교육이 초등교육과정에서 행해지고 있었음을 말해 준다.

1927년 12월 제5대 총독(1927~1929)으로 부임한 육군대신 출신 야마나시 한조(山梨半造)는 종래의 교육정책을 소폭 수정하여 근로애호에 중점을 둔 '실용주의 교육'을 강조하였다. 이에 총독부는 1928년 6월 이케가미(池上) 정무총감을 위원장으로 하고 관민의 대표자를 위원으로 한 〈임시교육심의회〉를 개최하였다. 여기에서 '일면일교(一面一校)계획을 통한 보통학교의 확충과 실업교육의 충실' 등이 의결되었다. 이어서 1928년 8월 총독부는 〈임시교과서조사위원회〉를 소집하여 교과서 개정문제를 심의하고 교과서 편찬강령을 결정하기에 이른다. 이러한 취지에 따라 第三期 교과서는 실용을 강조한 교과서로 전면 개편되게 된다.

4. 第三期『普通學敎國語讀本』의 표기 및 배열

1930년부터 1935년에 걸쳐 발간된 第三期『普通學敎國語讀本』(전12권)은 1923년부터 1924년에 걸쳐 발간된 第二期『普通學敎國語讀本』(전8권)에 이어 개정된 '國語(일본어)'교과서이다. 앞에서 살펴 보았듯이 第三期『普通學敎國語讀本』은 별도의 교육령 개정 없이 다음에 열거한 몇 가지 〈개정방침〉에 의해 편찬되었다.

  ① 수신, 국어, 역사교과서에는 황실, 국가에 대한 제재를 채택하여 충군애국정신을 함양시킨다.

② 한일합병 정신을 이해시키며 '내선융화'의 열매를 거둘 수 있도록 유도
한다.

③ 권학애호(勸學愛好), 흥업치산(興業治産)의 정신을 함양하는데 필요한
제재를 많이 넣어 교과서 전체의 분위기를 실용화한다.

④ 동양 도덕에 기인한 조선의 미풍양속을 회상할 수 있는 제재를 늘린
다.[17]

이상과 같은 방침아래 〈제2차 조선교육령〉 후반의 '國語교과서 第三期
『普通學校國語讀本』은, 1930년 권1, 권2를 시작으로 1935년까지 총 12권
이 편찬되었다. 1-6권은 조선총독부에서, 7-12권은 일본 문부성 것을 사용
하였다. 이로써 지금까지는 8권이었던 국어독본 교과서가 처음으로 총독
부에 의해 12권 전권이 출판된 것이다. 이에 대한 출판사항은 〈표 3〉과
같다.

〈표 3〉〈제2차 교육령〉시기에 교육된 日本語敎科書의 출판사항

朝鮮總督府 第三期 『普通學校國語讀本』 1930~1935년							
卷數	출판년도	사이즈		課	頁	정가	학년 학기
		縱	橫				
卷一	1930	22	15		59	12錢	1학년 1학기
卷二	1930	22	15	26	79	13錢	1학년 2학기
卷三	1931	22	15	27	99	13錢	2학년 1학기
卷四	1931	22	15	25	104	13錢	2학년 2학기
卷五	1932	22	15	26	110	14錢	3학년 1학기
卷六	1932	22	15	25	107	14錢	3학년 2학기
卷七	1933	22	15	25	112	15錢	4학년 1학기
卷八	1933	22	15	26	130	15錢	4학년 2학기
卷九	1934	22	15	24	130	16錢	5학년 1학기
卷十	1934	22	15	24	138	16錢	5학년 2학기

---

17) 朝鮮總督府(1930), 「總督府第三期改正方針」, p.100

卷十一	1935	22	15	24	127	16錢	6학년 1학기
卷十二	1935	22	15	28	140	16錢	5학년 2학기
계					1335		

1911년에 제정된 〈普通學校施行規則〉에 의해 1913년부터는 신규편찬 (新規編纂) 교과서에 대해서는 '자비구입'이라는 원칙에 따라 第三期『普通學校國語讀本』의 가격은 12錢~16錢으로 책정 되었다. 이는 第一期『普通學校國語讀本』이 각 권당 6錢의 저가로 보급했던데 비하면 2배 이상 인상된 면을 보인다.

第三期『普通學校國語讀本』의 특징은, 第一期, 第二期와 마찬가지로 띄어쓰기가 없는 일본어 표기에서 저학년(1, 2학년)용에 띄어쓰기가 채용된 점이다. 이는 역시 모어(母語)를 달리하는 조선 아동이 처음 일본어로 된 교과서를 접하는데 있어서 쉽게 접근할 수 있게 하기 위함이었을 것이다.

第三期『普通學校國語讀本』 역시 그 구성면에서 第一期에 비해 유화적인 면을 엿볼 수 있다. 第二期에서도 조선인의 의식주(衣食住)를 들어 채택하였는데 第三期에서도 먼저 삽화의 배경에 있어서도 총독부 학무국의 "조선에서 조선인을 교육할 교과서는 조선이라는 무대를 배경으로 하여야 함이 당연하다."[18]는 편찬방침에 따라 조선의 상징물이 제시되었다. 그런데 이는 저학년의 경우이고 고학년으로 갈수록 감소된다.

第三期『普通學校國語讀本』은 일본의 학제에 맞추어 1학년부터 6학년까지 전권을 1930~35년에 걸쳐 조선총독부에서 편찬하여 30년대 말까지 교육된 교과서이다. 여기에는 무엇보다도 만주사변 이후 대륙진출을 향한 제국팽창의 서막을 여는데서 그 특징을 찾을 수 있다.

따라서 第三期『普通學校國語讀本』은 "조선인이 식민지 지배를 받아들

---

18) 朝鮮總督府(1923), 『조선교육례개정에따른신교과용도서편찬방침』, p.17

여 '투쟁'을 피하고, '내선융화'에 적극적으로 노력하는 것이 조선인이 '평화롭게 살아갈 수 있는 길"이라는 인식아래 평화를 애호하는 조선인의 감정을 배양하여 양 민족의 융화를 고취하려는 의도를 중시하였다. 당시 『普通學校國語讀本』의 편찬방침[19]을 살펴보면 다음과 같이 제시하고 있다.

① 우리나라 특유의 문학적 취미를 키워 심정을 고아하게 하는데 적절한 자료 선택에 유의할 것.

② 특히 다른 교과목과의 연계를 밀접히 하여 상식 양성에 적절한 자료 선택에 유의할 것.

③ 현인(賢人)이나 철인(哲人)의 전기 등에 수양에 도움이 되는 자료 선택에 유의할 것.

④ 내선융화의 취지에 의거해 특히 선량한 내선(內鮮)의 풍속습관에 관한 자료를 더할 것.

⑤ 연약한 마음이 들 염려가 있는 문학적 자료를 배제할 것.

⑥ 조직에 관해서는 처음에 삽화에 의해 말하기 연습을 하고, 상당 단어를 습득하게한 후 순서대로 문자 어구 및 문장에 이르게 할 것.

⑦ 문체는 산문을 주로 하는 것도 평이하게 하여 격조 고아한 운문 및 일용에 필요한 편지문을 더할 것.

⑧ 문어는 현대문을 주로 하여 고등과에 있어서는 평이한 근대문을 더할 수 있음.

⑨ 한자를 정리해서 국정국어독본에 준하게 할 것.

⑩ 교재의 기술을 한층 평이하게 함과 더불어 분량을 상당히 증가할 것.

또한 독본 편수관이었던 아시다의 방침을 살펴보면, 첫째, 조선인 아동에게 친근한 제재를 선택하여 일본어 학습 효과를 높이고, 이를 통해 일본

---

19) 朝鮮總督府學務國朝鮮教育會編 「普通學校教科用圖書編纂に関する一般方針」, 李淑子(1985), 『教科書に描かれた朝鮮と日本』, ほるぷ出版, pp.413~414

어 보급 촉진을 꾀하는 것. 둘째, 고대로부터의 일본과 조선과의 관계의 깊이를 가능한 한 우호와 친선을 상징하는 제재를 들어, 일본인에 대한 저항감을 반감시키고, 식민지 지배를 현실로 받아들이도록 할 것. 셋째, '內鮮融和'의 실현을 목표로, 내선융화에 필요한 정신적 수양에 도움이 될 수 있는 제재, 즉 지배자에 대한 저항이나 반감보다는 서로 돕고 협력하며 정을 베푸는 내용이나 충효를 이끌어내는 효행담 등을 제재로 하는 것20) 등이었다. 편수관의 이와 같은 의도는 11권(5학년용) 2과 「조선의 교육」이 라는 단원에서도 찾아볼 수 있다.

> 보통교육에 있어서는 국어를 상용하는 자와 그렇지 아니한 자에 따라 학 교의 계통(系統)을 달리하지만, 그 외의 모든 학교는 내선(內鮮)공학이다. 주지하듯이 국어를 상용하지 않는 자의 보통교육을 위한 학교는 보통학 교, 고등보통학교 및 여자고등보통학교이고, 국어를 상용하는 자의 보통 교육은 소학교, 중학교 및 고등여학교에서 이를 행한다. 그런데도 가정의 사정, 수학의 편의 등 특별한 사정이 있는 경우에는 상호 입학의 길을 열어준다. 현재 국어를 상용하지 않는 자로서 소학교, 중학교 등에, 국어 를 상용하는 자로서 보통학교, 고등보통학교 등에 입학하여 함께 배우고 함께 뛰어놀며 융화의 결실을 맺고 있는 예는 얼마든지 있다. 이처럼 보통 학교에 있어서는 원칙으로서 국어를 상용하는 자와 그렇지 않는 자에 따 라 학교 계통을 달리하고 있으나 양자의 내용에 있어서는 거의 하등의 차이가 없고, 그 목적 또한 동일하게 충량한 국민 양성에 있다.

이는 이 시기 교육정책의 키워드인 '一視同仁'에 의한 '內鮮融和'의 교육 방침을 그대로 역설하고 있는 부분으로, 위의 방침에 의한 현실직시와 '내

---

20) 北川知子(1994), 「朝鮮総督府編纂『普通學校國語讀本』の研究」, 國語敎育學研究誌, p.5

선용화'를 유도하는 것이라 할 수 있는데, 이러한 조항들을 교과서에 그대로 반영하였던 것이다.

또한 第三期『普通學校國語讀本』은 지리적 여건상 그 전초기지인 조선의 중요성을 인식하고 第二期와 마찬가지로 실업과 근로의 교육에 역점을 두고 있는 면이 두드러진다. '國語'교과서의 특성상 당연히 지배국의 언어교육에 중점을 두어 국체의 이식을 꾀하였으며, 여기에 국민으로서의 성격 함양을 추구하는 내용을 여러 각도로 제시하고 있다. 이렇듯 동화교육을 실행해 나가는 한편, 실생활에 필수적인 실용교육을 가정 및 사회생활 교육과 농업, 공업, 상업 등으로 연결되는 실업교육과 연계시켜 그와 관련된 내용을 수록함으로써 후방국민의 의무를 다각적으로 제시하였는데, 이로써 식민지 교육목적에 부합하는 국민양성에 힘썼음을 알 수 있다.

5. 보통학교 교과서와 교육상의 지침

1914년 일제가 제시한 보통학교 교과서 편찬 일반방침은 앞서 제정, 선포되었던 「教授上의 注意 幷 字句訂正表」의 지침을 반영함과 동시에 기본적으로 〈조선교육령〉과 〈보통학교규칙〉에 근거를 둔 것이었다. 이에 따라 교과서 기술에 있어서도 「朝鮮語及漢文」을 제외하고는 모두 일본어(國語)[21])로 기술하여, 언어를 일본어로 통합하였고, 1911년 8월에 조선총독부가 편찬한『국어교수법』이나, 1917년에 주로 논의되었던 교육상의 교수지침에서도 '풍속교화를 통한 충량한 제국신민의 자질과 품성을 갖추게 하는 것임'을 명시하여 초등교육을 통하여 충량한 신민으로 교화시켜나가려 하

---

21) 일본어가 보급되기까지 사립학교 생도용으로 수신서, 농업서 등에 한하여 별도로 朝鮮 譯書로 함

였다.

1906년부터 조선어, 수신, 한문, 일본어 과목의 주당 수업시수를 비교해 놓은 〈표 4〉에서 알 수 있듯이, 수업시수는 1917년 일본어 10시간, 조선어 (한문) 5~6시간이었던 것이, 1938~1941년에는 수신 2시간, 일본어 9~12시 간인 것에 비해 조선어는 2~4시간에 불과하며 선택과목이었다. 그러다가 1941~1945년에는 조선어는 누락되고 수신(국민도덕 포함) 및 일본어가 9~ 12시간으로 되어 있다. 이는 일본이 창씨개명과 태평양전쟁으로 징병제도 가 실시되면서 민족말살정책이 점차 심화되어 가는 과정으로 이해될 수 있 다. 각 시기에 따른 학년별, 과목별 주당 수업시수는 아래 〈표 4〉와 같다.

〈표 4〉 조선에서의 수신 · 조선어 · 한문 · 일본어의 주당 수업시수

학년	통감부(1907)				제1기(1911)			제2기(1922)			제3기(1929)			제4기(1938)			제5기(1941)
	수신	조선어	한문	일어	수신	국어(일어)	조선어 및 한문	수신	국어(일어)	조선어	수신	국어(일어)	조선어	수신	국어(일어)	조선어	국민과(수신 / 국어)
제1학년	1	6	4	6	1	10	6	1	10	4	1	10	5	2	10	4	11
제2학년	1	6	4	6	1	10	6	1	12	4	1	12	5	2	12	3	12
제3학년	1	6	4	6	1	10	5	1	12	3	1	12	3	2	12	3	2 / 9
제4학년	1	6	4	6	1	10	5	1	12	3	1	12	3	2	12	2	2 / 8
제5학년								1	9	3	1	9	2	2	9	2	2 / 7
제6학년								1	9	3	1	9	2	2	9	2	2 / 7
합계	4	24	16	24	4	40	22	6	64	20	6	64	20	12	64	16	62

* 제1기(보통학교시행규칙, 1911. 10. 20), 제2기(보통학교시행규정, 1922. 2. 15), 제3기(보통학교시행규정, 1929. 6. 20), 제4기(소학교시행규정, 1938. 3. 15), 제5기(국민학교시행규정, 1941. 3. 31)

초등학교에는 合科的 성격의 「國民科」, 「理數科」, 「體鍊科」, 「藝能科」, 「實業科」라는 5개의 교과가 있었는데, 그 중의 「國民科」는 修身, 國語, 國史, 地理의 4과목으로 이루어져 있다. 國語, 國史, 地理의 合本的 텍스트로, 「國民科」의 4분의 3을 입력한 교과서 『普通學校國語讀本』의 내용 역시 「修身」 교과서와 같이 품성의 도야, 국민성 함양을 목표로 하고 있다. 또한 「朝鮮語及漢文」 과목의 교재도 『普通學校國語讀本』과 마찬가지로 일본천황의 신민에 합당한 국민성을 함양케 하는데 치중하고 도덕을 가르치며 상식을 알게 할 것에 교수목표를 두고 있다.

統監府 및 朝鮮總督府의 관리하에 편찬 발행하여 조선인에게 교육했던 일본어 교과서를 '統監府期'와 '日帝强占期'로 대별하고, 다시 日帝强占期를 '一期에서 五期로 분류하여 '教科書名, 編纂年度, 卷數, 初等學校名, 編纂處' 등을 〈표 5〉로 정리하였다.

〈표 5〉 朝鮮統監府, 日帝强占期 朝鮮에서 使用한 日本語教科書

區分	期數別 日本語教科書 名稱			編纂年度 및 卷數	初等學校名	編纂處
統監府期	普通學校學徒用 日語讀本			1907~1908 全8卷	普通學校	大韓帝國 學部
日帝强占期	訂正 普通學校學徒用國語讀本			1911. 3. 15 全8卷	普通學校	朝鮮總督府
	一期	普通學校國語讀本		1912~1915 全8卷	普通學校	朝鮮總督府
		改正普通學校國語讀本		1918 全8卷		
	二期	普通學校國語讀本		1923~1924 全12卷	普通學校	(1~8)朝鮮總督府 (9~12)日本文部省
	三期	普通學校國語讀本		1930~1935 全12卷	普通學校	朝鮮總督府
	四期	初等國語讀本 小學國語讀本		1939~1941 全12卷	小學校	(1~6)朝鮮總督府 (7~12)日本文部省
	五期	ヨミカタ	1~2학년 4권	1942 1~4卷	國民學校	朝鮮總督府
		初等國語	3~6학년 8권	1942~1944 5~12卷		

　第三期『普通學校國語讀本』은, 第一, 二期『普通學校國語讀本』에 이어 당시 정치적 목적에 의하여 조선 아동을 대상으로 편찬된 초등교과서로, 일본정부가 바라던 바, 즉 교과서를 통하여 조선인을 천황의 신민답게 육성하려는 교육목표에 의한 초등학교용 교과서라 할 수 있을 것이다.

2014년 2월
전남대학교 일어일문학과 김순전

《朝鮮總督府編纂 第三期 『普通學校國語讀本』編著 凡例》

1. 권1은 1학년 1학기, 권2는 1학년 2학기, ...권12는 6학년 2학기로 한다.

2. 원본의 세로쓰기를 편의상 좌로 90도 회전하여 가로쓰기로 한다.

3. 원본의 상란은 좌란으로 한다.

4. 원본 권7의 방점(傍點)부분은 〈짙은색〉과 밑줄로 표기하였다.

5. 반복첨자 기호는 가로쓰기이므로 반복표기로 한다.

6. 한자의 독음은 (   )안에 가나로 표기한다.

7. 대화문과 지문 스타일은 각 기수마다 다르므로 각 기수의 원문대로 표기한다.

朝鮮總督府 編纂 第三期 (1930~1935)

普通學校國語讀本 卷九

第5學年 1學期

普通學校國語讀本 巻九
もくろく

［第一］大神宮參拜

心にかゝりし雨は夜の間にはれて、今朝は天氣ことにうらゝかなり。八時、まづ内宮に參拜せんとて宿を出づれば、家々の軒には日の丸の旗朝風にひるがへれり。今日は四月三日、神武天皇祭の日なり。日も多きにこのかしこき祭日にあたりて、年來の望を達するもうれし。

御山木細工・貝細工など賣る店を左右に見て、町を南へ行けば、宇治（うじ）橋のたもとに出づ。五十鈴（いすゞ）川は水清くして、流早し。橋を渡りて神苑（えん）に入れば、道をはさみて廣き芝生（しばふ）に、松の綠こまやかなり。

出

御細店

漕

内宮神域略圖

橋　川　林樹　路道　地山

一の鳥居より少し進めば、千年もへたらんかと思はるゝ老木枝をまじへて、高く天をつく。その神々しさ言はん方なし。五十鈴川の水に口すゝぎ手洗ひて、左へ進む。二の鳥居をすぎ、御馬屋・神樂殿(かぐらでん)の前を通りて、御宮の前にいたる。こゝに立てる御門を板桓南御門といふ。この御門を入りて、外玉桓南御門の前にて拜し奉る。御桓の内をうかゞひ奉れば、神殿の御屋根はかやにてふき、その棟にはかつを木をならべ、棟の兩端に千木をうちちがへたり。材は皆ひのきの白木を用ひ、金色の金物きらきらと日にかゞやけり。その他に何の御かざりもなき質素なる御かまへ、かしこくもかたじけなし。明治天皇の御製に、

棟端

素御

　　　とこしへに民安かれといのるなる、

　　　　　我が世を守れ伊勢(いせ)の大神。

とあそばし給へるを思ひ出でて、我が國體の尊さ、

いよいよ身にしみて覺ゆ。

宿に歸りて一休みの後、外宮に参拝す。神殿の御有

様など、おほよそ內宮に同じと見奉れり。

[第二] 雞林

雞

慶
傳

新羅の都慶州はまた傳説の都である。こゝの山に
も、かしこの流にも、聞くもゆかしい傳説の數々
が、千年後の今に語り傳へられてゐる。中にも、雞
林の傳説ほど人の心をひくものはなからう。

雞林は慶州の南東、月城の西にある自然林で、大昔
は始林と呼ばれてゐたさうである。今も槻(つき)や槐
(ゑんじゅ)や榎(えのき)などの老木が、こんもりと茂っ
てゐる。そこに物さびた碑閣(ひかく)があって、中に

由

雞林の由來をしるした碑がたってゐる。

時は、新羅第四世脱解(だっかい)王九年の春のことである。ある夜、王がたゞ一人、王城のお庭をそゞろ歩きしてゐられると、彼方始林のあたりから、雞の鳴き聲が聞えて來る。王は「不思議なこともあればあるものだ。」と、夜の明けるのを待って、家來の瓠公(ここう)に命じてしらべさせられた。

瓠公はとるものもとりあへず、急いで始林にかけつけた。見ると、美しい金色の箱が木の枝にかゝってゐて、その下で、雪のやうに眞白い雞が、しきりに鳴いてゐる。瓠公ははせ歸って、その事を王に申し上げた。

王は人をつかはして、その金の箱をおとりよせになり、さっそくこれをお開きになった。するとどうだらう、中から玉のやうな、見るからに賢さうな男の子が現れた。王は

「あゝ、この子は天がお授け下さったのだ。」

と大そう喜ばれ、家來に命じて、大切に養育させられた。

氏祖

その子は年とともに見事に成人し、人なみすぐれて賢かった。そこで王は閼智(あっち)と名づけ、金の箱にちなんで金といふ姓をたまはった。これが慶州金氏の始祖である。始林はその時から雞林とあらためられた。

後の世に、朝鮮を雞林と呼ぶやうになったのは、この傳説にもとづいてゐるのである。

[第三] 幸福

幸福がいろいろな家へたづねて行きました。

誰でも幸福のほしくない人はありませんから、どこの家をたづねても、みんな大喜びでむかへてくれるにちがひありません。けれども、それでは人の心がよくわかりません。そこで、幸福は貧しい貧しい乞食(こじき)のやうなみなりをしました。誰か聞いたら、自分は幸福だと言はずに、貧乏だと言ふつもりでした。そんな貧しいみなりをしてゐても、それでも自分をよくむかへてくれる人があったら、その人の所に幸福を分けておいて來るつもりでした。

飼

幸福ははじめに、犬を飼ってゐる家の前に立ちました。

その家の人は、貧しい乞食のやうなものが家の前に居るのを見て、

「お前さんは誰ですか。」

と尋ねました。

「わたしは貧乏といふものでございます。」

「あゝ、貧乏か。貧乏はうちではおことわりだ。」

と、戸をぴしゃんとしめてしまひました。飼犬はおそろしい聲で、追立てるやうにほえました。

幸福はさっそくそこを立去って、今度は雞を飼ってゐる家の前に立ちました。

その家の人も、幸福が來たとは知らなかったと見えて、いやなものが家の前に立ったやうに顔をしかめて、

　「お前さんは誰ですか。」

と尋ねました。

　「わたしは貧乏といふものでございます。」

　「あゝ、貧乏か。貧乏はうちではたくさんだ。」

と、その家の人は深いため息をつきました。それから飼ってある雞に氣をつけました。雞をぬすんで行きはしないかと思ったのでせう。

　「こっ、こっ、こっ、こっ。」

雞は用心ぶかい聲を出して鳴きました。

幸福はまたそこを立去って、今度は兎を飼ってゐる家の前に立ちました。

　「お前さんは誰ですか。」

　「わたしは貧乏といふものでございます。」

　「あゝ、**貧乏**ですか。」

と言ひました。

その**家**の人も、**幸福**が**來**たとは**知**らないやうでした

が、なさけぶかい人だと**見**えて、**臺所**の**方**からおむ

すびを**一つ握**って**來**て、

　「さあ、これをお**上**りなさい。」

と言って、**漬物**までそへてくれました。

　「ぐう、ぐう、ぐう、ぐう。」

兎は**高**いびきをかいて、**晝寢**(ね)をしてゐました。

幸福にはその**家**の人の**心**がよくわかりました。おむ

すび**一つ**にも、人の**心**の**奥**は**知**れるものです。それ

をうれしく**思**って、**幸福**は**兎**を**飼**ってゐる**家**に、**幸**

福を**分**けておいて**來**ました。

漬

［第四］郵便爲替の話

爲替 約束	「玉姫(き)さん、お約束の郵便爲替についてお話して上げませう。郵便爲替はよそに居る人にお金を届けるのに、一々持っていく手數をはぶくために設けられたもので、これを利用すれば、どんな遠方に居る人の所へでも、安全にお金を送ることが出來ます。 郵便爲替の中には、通常爲替・小爲替・電信爲替の三通りあって、組方も少しづつ違ひます。 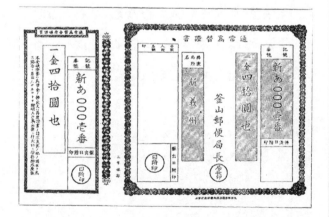 通常爲替を組むには、郵便局所から通常爲替振出
請求 差	請求書用紙をいたゞいて、それに金高と差出

人、および受取人の宿所氏名、拂渡局所名などを書入れ、爲替金と料金とをそへて差出すのです。すると二枚つゞきの證書を渡してくれますから、その中の通常爲替證書の方を、受取人に送ればよいのです。」

「お母（かあ）さん、受取人はどこでお金を受取りますか。」

「郵便局所で受取ります。證書に記名調印して差出せば、證書と引換に現金を渡してくれます。」

「どこの局所でも受取ることが出來ますか。」

「いゝえ。證書に指定されてゐる拂渡局所でなければ受取れません。その點は小爲替の方が便利です。小爲替は拂渡局所や受取人を指定しなくとも、差支ないことになつてゐますから、何所の局所でも、また誰でも受取れます。」

「お母さん、小爲替は便利なものですね。」

「さうです。それに少額のお金も送れるし、振出請求書を書く手數もいりませんから、これを利用する人がなかなか多いのです。」

送	「そんな便利な小爲替があるなら、別に通常爲替などはなくともよささうに思はれますが。」 「いいところに氣がつきました。今お話したやうに、小爲替はいろいろ便利なので、小口の送金にはよく利用されますが、大口の送金になると、通常爲替の方が料金が安くなります。その上、通常爲替は小爲替とちがって、受取人以外の者には拂渡さないのですから、大口のお金は、通常爲替で送る方がよいことになります。」 「お母さん、爲替料も小包郵便の料金のやうに、所によってちがひますか。」 「通常爲替と小爲替との料金は、朝鮮内は勿(もち)論わが國の領土内は、どこも同じです。」 「さうですか。電信爲替の料金は高いでせうね。」
替 貯	「いろいろ手數がかゝるので、通常爲替の約三倍になってゐます。その代り、急の場合に間にあふので大そう便利です。なほお金を送るには、別に振替貯金といふものもあって、ひろく世間に利用されてゐますが、それについてはこの次にしませう。」

【第五】遲刻

遲 舍	しんとした校舎の内に足をふみ入れた時には、何だか悲しいやうな、おそろしいやうな、妙な氣持が胸一ぱいにこみ上げて來て、泣きたくなった。
廊 齊	長い廊下を通って、教室の前にたつと、急にどうきがはげしくなった。思ひ切って戸をあけて、教室にはいった。みんな一齊に僕の方を見た。その瞬(しゅん)間、ぼうっと顔があつくなって、僕はどうしてよいかわからなかった。
	先生にお辭儀をして、おくれたわけを申し上げると、
	「よろしい、席におつきなさい。よほど走って來たね。」
	とおっしゃった。
讀 隣	ほっとして席についた。あわてて讀本を出して開かうとすると、隣の金君が「一時間目は算術だよ。」と注意してくれた。僕はまたあわてて算術の本をとり出した。
	何だか背中のあたりがつめたいので、そっとわきの下に手をやって見ると、汗でびっしょりだった。

［第六］揚子江［ヨウスコウ］

源

鴨

豐

揚子江ハ名高イ西藏（チベット）高原ニ源ヲ發シテ、ホゾ支那ノ中央ヲ、西カラ東ヘ流レテヰル、あじや第一ノ大河デアル。全長五千百きろアマリ、我ガ國第一ノ長流鴨綠江ナドハ、ソノ六分ノ一ニモ足ラナイ。

コノ河ハ流ガユルヤカナ上ニ、水量ガ豐カナノデ、舟運ノ便ガ大ソウヨイ。河口カラ約千きろノ上流ニアル漢口マデハ、海洋ヲ航行スル汽船モ自由ニ往來シ、小舟ハ、三千五百きろノ上流マデサカノボルコトガ出來ル。

世ニモ珍シイノハ、コノ河ニウカブ筏（イカダ）デアル。大キイノニナルト、長サ百二十めーとる、

太菜豚鳴

砂洲

夏濁

程濁

幅六十めーとるモアッテ、普通ノ民家ノ四五倍モア
ラウカト思ハレル丸太小屋ヲタテテヰル。サウシ
テ、土ヲオイテ野菜ヲ作ッタリ、雞ヤ豚ヲ飼ッタリ
シテヰル。コノ大仕掛ナ筏ニ數十人ノ者ガ乘込ン
デ、ノドカナ雞鳴ヲキヽナガラ、對岸ハ遠クカスン
デ見エナイ廣イ流ヲ、悠々(ユウユウ)ト下ッテ行ク。

揚子江ノ河口ニ崇明(スウメイ)島トイフ島ガアル。コ
レハ、コノ河ノ流ガ運ンデ來タ土砂カラ築キ上ゲラ
レタ三角洲デ、五六百年前ハマダ水面ニ現レテヰナ
カッタサウデアル。今デハ長サガ六十きろ餘、幅ハ
八きろカラ十三きろニモ及ンデヰテ、ソノ上ニ七八
十萬ノ人ガ住ンデヰル。

コノ河ハコトニ夏季ニハ增水シテ、濁流ガ河一面ニ
ミナギリ、河口カラ海上約四百きろノ間ハ、コノタ
メニ海水ガ赤ク、門司(モジ)ヤ長﨑(ナガサキ)ヲ出
テ、揚子江ノ河口ニアル上海(シャンハイ)ニ向フ汽船
ハ、ソノ航程ノ半分モ行カナイ中ニ、海水ガイチジ
ルシク濁ッテ來ルノニ氣ヅクトイフコトデアル。

一體、揚子江ハドコマデ大キイノデアラウ。

【第七】汽車の發達

蒸　蒸氣機關は二百年程前に發明せられた。初の中はたゞ水を汲上げるために、炭山などで使はれるぐらゐなものであったが、フランスのキュニョーといふ人が、これを用ひて、はじめて汽車を造った。それは今から百五六十年も前の事である。

キュニョーの案出した汽車は、普通の荷車に蒸氣機關を取附けただけのもので、レールのしいてないたゞの道路を走るのであった。速力も一時間三キロあまりで、人の歩くのと違はないぐらゐであった。

停　しかし、十五分も走るとすぐ停車して、しばらく蒸氣力の回復するのを待たなければならない、ずいぶん不便なものであった。

その後、イギリスのトレビシックといふ人が、苦心してキュニョーの汽車に大改良を加へた。その汽車は今日の自動車のやうな形をしてゐて、これが七八人の人をのせてロンドンの市中を走り廻った時、これを見た人々は「飛ぶ鳥のやうに早い。」と言って、目を見張った。しかし、この汽車も思ふやうでなかったので、トレビシックはさらに種々の改良を加へて、今度はレールの上を走る汽車を造り上げた。これが今日の汽車の初である。

効用

一般

これから汽車はますます効用をみとめられ、炭山などで追々用ひられるやうになったが、まだ一般の旅客や貨物を運ぶ程には至らなかった。しかるにスチーブンソンといふ人が出て、非常にすぐれた汽車を造り上げたので、はじめて一般に用ひられるやうになった。

幼 研究	スチーブンソンもイギリスの人であった。家が貧しかったために、幼い時から人にやとはれて、牛や羊を番をしてゐた。その時分、汽車のうはさが高かったので、生まれつき機械のすきなスチーブンソンはひまさへあれば、よく土でその形を造って樂しんでゐた。その後ある炭山にやとはれて、蒸氣機關を取扱ふことになった。スチーブンソンは非常に喜んで、晝はその仕事をしながら、機械の組立やはたらきを研究し、夜は夜學に通って、一心に勉強した。さうして、トレビシックの汽車よりももっとよい汽車を造らうとして、工夫に工夫を重ね、つひにその望を達することが出來た。

その頃イギリスの或會社で、馬車鐵道をしく計畫(けいかく)があったが、スチーブンソンのすゝめによって、馬車の代りに汽車を用ひてみることになった。

試轉

いよいよ**試運轉**の日になると、たくさんの**貨物**と**大勢**の人をのせた**汽車**は、**數千**の見物人を後にして、勇ましく**發車**した。次第に**速力**を増して、一時間十九キロぐらゐの**割**（わり）合で走った時には、乗ってゐた人も、見てゐた人も、その早いのと、**勢**のすさまじいのに驚いた。これは今から**百餘年前**の事である。

これから、汽車が一般の乗客や貨物をのせて走るやうになったので、**實**に交通機關の發達の上に、**新紀元**を開いたものといふことが**出來**る。スチーブンソンはその後ますます研究をつゞけて、一時間四十八キロも走る汽車を造り上げた。その構造は大體今日のものに似てゐる。

構
似

汽車についていろいろ發明や改良をして、その發達を助けた人は、この三人をはじめとして、まだたくさんにある。汽車が今日のやうに發達し、鐵道がいたる所にしかれて、**我々**が始終これを利用することの出來るのは、實にこれ等の人々のたまものである。

今日の機關車

[第八] 葡萄のつる

葡萄

眼

葡萄のつるは
眼のあるつるか、
わたしの窓へ
朝も晩ものびる。

葡萄のつるよ、
何見てのびる、
日の照るがらす、
ちらちらするか。

緑の指よ、
葡萄のつるよ、
日に日に待てば
日に日にのびる。

近よれ早く、
葡萄のつるよ、
ねんねの夜も
ゆれゆれのびよ。

［第九］ 樺太【からふと】だより【兄より弟へ】

豫	第一信 その後、皆さんお變りはないでせうね。豫定の通り、北海道の北端の稚內(わっかない)から連絡船に乗って、昨日無事にこの大泊(おほどまり)に着きました。至って元氣ですから御安心下さい。もとは、十八時間もかゝる小樽(をたる)大泊間の航路しかなかったが、こゝの航路が開けてから、わづか八時間
就	で渡れます。私の乗った船が、十數年前まで關釜間の連絡に就航してゐた壹岐(いき)丸だったのも、なつかしい思ひ出でした。

大泊の沖合から陸上を眺めると、山を中にして、市街が二つに分れて見えます。右の方には商家や工場らしい建物が多く見え、左の方には役所風の建物の多い中に、ロシヤ風の家も所々にまじって見えます。この邊の海は、二月頃には沖合九百メートル位の所まで、人馬の往來が出來る程、厚く氷が張ることがあるさうです。

當地は樺太の入口で、廣い道路がはるかに北へのびで、ロシヤ領樺太まで續いてゐるし、鐵道もこゝから豐原（とよはら）をへて、多來加（たらいか）灣の西岸にそって北方へのびてゐます。町は商賣が盛で、なかなかにぎやかです。寒い所だけに、この邊の家は防寒の用意がよく行屆いてゐます。私の泊ってゐる旅館も、窓のガラス戸が皆二重になってゐます。もう二三日こゝに居て、近所を見物するつもりです。

第二信

一昨日の午後大泊を出帆して、昨日の夕方當眞岡（まをか）港に着きました。もっと早く着くはずでしたが、西能登呂岬（にしのとろみさき）の手前で急に濃霧（のうむ）に包まれ、止むを得ず途中で一夜を明かしたために、大分おくれたのです。

翌朝、西能登呂岬を廻ると間もなく、船長が海岸を指さして、「あそこが白主(しらぬし)といって、昔日本の役所のあった所です。有名な間宮林藏(まみやりんぞう)等が樺太探檢(たんけん)に來た時も、まづあそこに上ったのださうです。」と教へてくれました。

眞岡は樺太には珍しい不凍港で、市街はかなりにぎやかです。一體樺太はどこでも漁業が盛ですが、殊にこの西海岸では、鰊(にしん)がたくさんとれます。鰊が産卵のために、海岸近くよって來る時のさわぎは、すさまじいもので、それといふ間に、船を出す、網をひく、まるでいくさのやうだといふことです。

凍
殊

第三信

眞岡から汽車でこの豐原に着きました。途中は山ばかりで、とゞ松・えぞ松などの森林が幾キロともなく續いてゐるのや、二メートル近いふきのはえ茂ってゐるのを見た時には、しみじみ樺太らしいと感じました。

豐原はさすがに樺太廳の所在地だけあって、家並のそろった町です。町を歩くと、大きな犬がよく目につきますので、土地の人に尋ねてみたら、冬これに

廳
在
家並

鑛

歸

そりを引かせるのだといふことでした。この邊は殊に地味がよいさうで、かなり廣く開墾(こん)されてゐます。

樺太は天産の多い土地で、漁業の外にも、農業・林業・鑛業、いづれも追々盛になって行くさうです。石炭の多い事はかねて聞いて知ってゐたが、森林がこんなに有らうとは思ひませんでした。樺太の全面積の九割(わり)が森林だといふことです。これからきり出したとゞ松やえぞ松などで、パルプを造ってゐる大きな工場が、方々にあります。

まだ珍しい事がたくさんありますが、四五日中には歸途につきますから、それは歸ってから話しませう。

[第十] 大覺國師【だいかくこくし】

大覺國師その名は煦(く)、今より八百七十餘年前、高麗(こうらい)第十一代文宗(ぶんそう)王の第四子として生まる。幼よりすこぶる聰(そう)明、孝心またきはめて深かりき。

文宗一日、諸王子を招きて曰(いは)く、

> 「汝等の中、僧となりて佛教のためにつくすものなきか。」

と。國師時にやうやく十一歳、自らすゝみ出でて、

> 「われ僧となり、ちかってこの道をひろめん。」

と答ふ。こゝにおいて、國師は靈通寺(れいつうじ)の景德國師の手によりて髮をおろし、その弟子(でし)となりぬ。一度佛門に入るや、日夜修行にはげみて、いさゝかもうむところなく、十三歳にして佛教は勿(もち)論儒(じゅ)教にも通じ、早くも一かどの僧となれり。

しかも國師はこれをもって滿足せず、常に思へらく、「名僧たらんには、支那に渡りて修行するにしかず。」と。しばしば父王にその志をのべしかども許さ

れず。されど一念やみ難く、第十三代宣宗(せんそう)の時にいたりて、國師はつひに意を決し、弟子二人とともにひそかに支那に渡る。居ること一年餘、あるひは各地の寺院・佛跡をおとづれ、あるひは名僧・學者に教をうけ、深く佛教をきはめたり。

朝鮮に歸るや、國師は新に天台宗(てんだいしう)を傳へ、自ら國內を巡歷して、その教をひろむることにつとむ。また內地及び支那より、多くの佛書を探し求めて印刷せしめ、これをひろく世に行はしめたり。

國師は王族の身なりしかば、國家の大事にあたりては、必ず國政に參與せり。また各地に院館を再興して、或は旅客の便をはかり、或は貧しき人々を救ひなどして、世のため人のためにつくすところ少

寺 新 巡 求 刷 族 政 與 再 或 救

慕 跡	からざりき。 第十五代肅宗(しゅくそう)の時、國師は年四十七にて薨(こう)ず。時の人みなその德を慕ひて、心より悲しみぬ。大覺國師は實にそのおくり名なり。 開城附近、靈通寺跡なる大覺國師碑(ひ)は、今もなほ後人をして國師の高德をしのばしむ。

［第十一］日記

六月十四日　火曜　晴

今日は農民記念日だ。

今日は、おそれ多くも天皇陛下が宮城内の水田で、御手づから田植をあそばされる、われわれ農民にとってまことに意義の深い日である。

校長先生の訓話がすんでから、全校そろって實習地へ田植に出かけた。

面や警察や金融組合の方々も大勢お出でになって、みんな一生けんめいに田植をなさった。

家に歸ってから、夕方まで苗代の除(じょ)草をした。今年も苗の出來はなかなかよい。

六月十五日　水曜　曇

今日から農繁期休業。休業中の豫定はもうすっかり出來てゐる。田植・麥打・桑刈、どれも農家にとって大事な仕事だ。今年も兄(にい)さんの片腕になって、うんと働かう。

午後、お父(とう)さんと苗代へ行ったついでに、田の水加減(げん)を見廻った。お父さんが「この分では明日の植ゑつけはうまく運ぶだらう。」とおっしゃった。

訓

警察
融

代

休

六月十六日　木曜　晴

日本晴の上天氣。いよいようちの田植だ。

早くから近所の人が手傳に來て下さる。僕を加へて總勢十二人。一同にぎやかにたんぼに出かけた。道々兄さんが「今年も苗は三本より多くしないこと、さうして、なるべく淺植にするやうに。」などと、いろいろ話された。

こちらに一組、あちらに一組、廣いたんぼは田植のむれでにぎはってゐる。

僕は一生けんめいに植ゑた。お父さんが「俊東（しゅんとう）、お前ももうりっぱに一人前だ。」とほめて下さった。

午後は日がじりじり照りつけて、汗がだくだくと流れた。田植歌を歌ひながら、皆元氣よく働くので、仕事は面白いほどはかどった。

見事な正條植のあとを眺めてゐると、兄さんが

　「どうだ俊東、これが秋には一面黄金の波だよ。」

と、にこにこ笑ひながら言はれた。

晩は手傳の人々と、にぎやかに夕御飯をいたゞいた。

六月十七日　金曜　雨

明け方から降出した雨は、朝になってもやまない。

朝御飯の時、お母(かあ)さんが

　「この雨があがると、今度は麥打です。みんな今日
　　はゆっくり骨休めをしませう。」

とおっしゃった。

課

學課の復習をすましてから、妹とお隣の石田さんの
うちへ遊びに行った。

夕方、雨は小降になって、西の空が明るくなっ
た。外から歸って來られたお父さんが「いい雨
だ。これで畑の物も順調に育つ。」と、ひとり言
のやうにおっしゃった。

【第十二】五代の苦心

病
直

病みつかれた六十ばかりの老人が、ふとんの上に起直って、十五六の少年に、熱心に何か言聞かせてゐる。少年はひざに両手をついて、老人の顔をじっと見つめながら聞いてゐる。

まくらもとに置いてある行燈(あんどん)の光はうす暗く、たて切ってある障子のやぶれを、秋風がはたはたとあふる。

修

「これまでも折々話した通り、四代前の歡庵(かんあん)様が、國利民福の本は農業を盛にするにあるとお氣づきになって、始めて農學をお修めになり、りっぱな書物もお書きになった。それから元庵(げんあん)様・不昧軒(ふまいけん)様、二代つゞいて、そのお志をおつぎになり、一そう研究を進められた。しかしこの農學といふ學問は、種々様々の事を、實地と學理の両方から調べて行かねばならぬので、三代かゝっても、まだ全く手の着かない事が少くなかった。そこでこの父も、何とぞこの學問を大成したいと、四十餘年の間、寝食を忘れてその道の書物を讀み、國々の實地を調べ、

寝

本もあらはし、出來るだけは骨折つたつもりである。しかし思ふ程に仕事は出來ず、その上政治上の事で度々殿樣(とのさま)に上書したため、役人ににくまれて、終には國を立ちのかねばならぬやうになつた。それから諸國を歩き廻つたすゑ、あの毎日見舞に來てくれる門人たちに頼まれて、此所の銅の製法を改良したり、新しい鑛山を開いたりするために、この山中へ來たのである。

しかしこの分では、父の命は、とても仕事の出來上るまでもつまいと思ふ。」

老人は大分つかれたやうである。少年はてつびんの湯をついで老人にすゝめた。老人は一口飲んで横になつた。

終

舞

湯

少したって、今度は寝たまゝぼつぼつと話し出した。

「歡庵樣は佐藤(さとう)の家の農學の本をお開きなされ、元庵樣はおもに氣候と農業との關係をお調べなされたが、おぢい樣の不昧軒樣はまた、地質や鑛物の方で新しい發見をなされた。この方々のお書きになったものは、大てい此所に持ってゐる。その本については、後にまた言聞かせるが、大體一身一家の爲でなく、一すぢに國の爲、民の爲につくすといふお考は、どなたも皆同じ事で、これが佐藤の家の學問の精神である。父もこの精神にもとづいて、主に海産物や水利の事を調べて、くはしく計畫を立てた事もあるが、いろいろの差支があって、實行が出來ずにしまった。これはまことに殘念な事である。しかし父の四十年の骨折は、農學の進歩の爲には決してむだでなかったと思ふ。

この四代の苦心の後を受けて、國家の爲に、この學問を大成するのがお前の役目だ。十六のお前が、旅費も乏しい旅先で親に別れては、さぞ心細くもあらう、又つらい事もあるであらうが、父の

　この願だけは、しかと心にとめて置いて、必ず仕とげてもらひたい。それには父が死んでも國へ歸らずに、すぐに江戸(えど)へ出て、りっぱな學者を先生にして、一心に學問をはげむがよい。古人も『志ある者は事終に成る。』と言ってゐる。」

目に涙を一ぱいためて聞いてゐた少年は、かたい決心を顏にあらはして、實行をちかった。父は安心した樣子で、やがてすやすやと眠った。

これは今から百四十年ばかり前に、下野(しもつけ)の國足尾(あしを)山中の旅人宿で起った事で、この老人こそは出羽(では)の國の醫者佐藤信季(のぶすゑ)、少年はその子信淵(のぶひろ)である。信季はその後幾日かたって、とうとうこの宿でなくなった。信淵は父の門人たちの情で、形ばかりの葬式をすますと、間もなく江戸へ出て宇田川玄隨(うたがはげんずい)・大槻玄澤(おほつきげんたく)などの人々をたよって、一心に西洋の學問を勉強した。さうして終に當代第一の農學の大家となって、國家の爲に富源を開發することが甚だ多かった。

古

憤
葬

富源

歡庵以來代々力をつくして來た農學は、信季の望通り、信淵に至って大成したのである。

[第十三] 螢

螢が昔から詩や歌によまれて、人にもてはやされて
ゐるのは、夏の夜、小川の岸や水田のほとりで、あ
の青い光の提燈(ちょうちん)をともすからである。

螢の種類にはいろいろあって、我が國に居る螢だけ
でも三十種ほどある。源氏(げんじ)螢や平家(へいけ)
螢の名は知ってゐても、生蕃(せいばん)螢の名を知ら
ない者が多からう。この螢は臺灣に産して、我が國
に居る螢の中で一番大形のものである。

この生蕃螢について、ある有名な昆蟲(こんちう)學者
の著書に、次のやうな興味ぶかい話がのってゐる。

「私がかつて蕃界に居た時、この螢が群をなして飛
ぶのを見て、遠くで生蕃がたいまつをともしてゐ
るものと思った。これならば十匹も居れば大丈夫
讀書が出來る。平家螢のやうな小形の螢では、と
ても讀書はむづかしい。」

なほその著書によれば、支那には生蕃螢のやうな大
形の螢がたくさん居るさうである。昔支那のある學
者が、若い頃貧乏なために、螢の光で勉強したとい
ふことは、根も葉もない話ではない。

鼠

籠

螢が發光するのは外敵を防ぐためである。かのたんぼをとびまはる野鼠に出あふと、螢はその音に驚いて、前にもましてはげしく光る。すると野鼠は、この不思議な光をおそれて逃去ってしまふ。螢のこの性質を利用して、養蠶のさかんな地方では、鼠の害を防ぐために、螢を籠に入れて、蠶棚の近くにつるしておくといふことである。

この外に、螢の發光には仲間に自分の居場所を知らせる役目がある。月のある晩、ことに滿月の時に螢が飛ばないのはこのためである。

にぎやかな蟬のうたがやんで、長い夏の日が暮れると、やがて川べの螢は、美しい提燈をともしはじめて、夕凉みの人々をよろこばせる。九時から十時と、夜のふけるにつれて、その數は次第にふえ、人々が歸りかける十一時頃には出盛って、幾百千の螢の群が、しづかなやみの中を、天上の星のやうにみだれ飛ぶ。

　　よぶ聲はたえて螢のさかりかな。

【第十四】朝鮮の貿易

朝鮮の米が内地へ移出せられ、滿洲の粟が朝鮮に輸入せられることは、誰でもよく知ってゐる。このやうに、朝鮮で生産した物を、内地や外國へ輸移出し、内地や外國で生産した物を、朝鮮に輸移入するのが朝鮮の貿易である。

朝鮮は、昔から内地をはじめ滿洲や支那などと交通して、互に貿易をしてゐたが、まだよく開けない時代には、生産物も少く、貿易も振るはなかった。

朝鮮の貿易が盛になったのは、施政以後のことで、最近の貿易額は年々六七億圓に上ってゐる。

内地へ移出する主なものは米・大豆・生絲・肥料・海産物・鐵・棉・牛で、内地から移入する主なものは綿織物・絹織物・諸機械・砂糖・紙類である。次に外國へは主に綿織物・海産物・木材を輸出し、外國からは主に粟・柞蠶(さくさん)生絲・豆粕(かす)を輸入する。

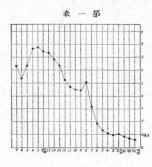
第一表

貿易　施　億　棉綿織　豆

施政以後の貿易額を圖にあらはすと、第一表のやう
に、非常な勢で進んでゐる。すなはち、明治四十三
年には約五千萬圓であるが、年々增加して、大正七
年には三億圓、同八年には五億圓をこえ、同十三年
以後は大てい六億圓から七億數千萬圓の間を上下し
てゐる。

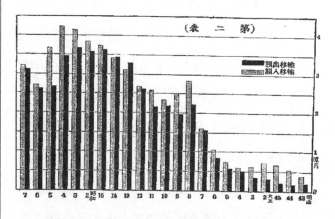

この貿易額を輸移出額と輸移入額とに分けて、圖に
あらはして見ると、第二表の通りである。この表で著
しく注意をひくことは、大ていどの年も輸移入額が
輸移出額を超過してゐることと、明治四十三年以後
數年間は、輸移入額が輸移出額の二倍以上にも上っ
てゐるが、大正四年からは大體兩者が接近して來
て、その差が少くなってゐることとである。

著

超

去　濟
覺　示
　　象

わが朝鮮の貿易が、施政以來長足の進步をとげて、最近の貿易額が、施政當時の十倍以上に達してゐることは、過去二十餘年間における文化の向上と、産業の發達との目覺しさを物語り、また大正四年以來、輸移出額が次第に輸移入額に接近して來てゐることは、朝鮮の經濟の健全な發達を示すもので、ともに喜ばしい現象である。しかし、われわれはこれに滿足しないで、將來ますます貿易の進展をはかり、一日も早く、輸移出超過の理想を實現することにつとめねばならぬ。

【第十五】朱安の塩田

塩

「現場に行く前に、まづ圖について申し上げませう。」

主任の島田さんは、壁にはりつけてある塩田構造圖をさしながら、言葉をつゞけられた。

「天日塩田には、流下式・汲上式等の種類がありますが、朝鮮にある塩田は、ほとんど流下式です。

池
晶

御覧の通り貯水池・蒸發池・結晶池、この三つが天日塩田の主な部分で、この構造で特に申し上げたいのは、貯水池から蒸發池、蒸發池から結晶池

底
導

と次々に低くなってゐる事です。これは貯水池から導き入れる海水が、自然に流下するためです。」

平面 / 流下式 汲上式 / 貯水池 蒸發池 蒸 結晶池

こゝで島田さんは言葉をとぎらして、「あとは、向ふに行って申し上げることにしませう。」と言ひながら、

藁

つばびろの麥藁帽子を持って廊下に出られた。

張

倉庫

岡

販

出張所の構内を出ると、叺を山のやうに積んだトロッコが、幾臺も幾臺もつゞいて來る。「この塩は、すべて驛の構内にある倉庫に運ぶのです。」と島田さんが話された。

それから右に曲って、およそ二百メートル程行くと、塩田に出た。さき程構造圖で見たとほり、規則正しくくぎられた塩田が、はるか向ふの岡までつゞいてゐる。

　「あのぎらぎら光ってゐる白い小山は何でせう。」

　「あれですか、あれはみんな塩の山です。」

　「あの塩は、そのまゝ使へますか。」

　「ごくわづかばかりは精製しますが、大部分はそのまゝ販賣してゐます。」

　「あの建物は何でせうか。」

　「小さいのは人夫小屋で、大きい方は塩を貯藏(ぞう)しておく倉庫です。」

私達はいつか水門の近くに來てゐた。島田さんはひたひの汗をふきながら、右側の大きな溝(みぞ)を指さして、

干潮 滿 堤 帶 柄	「ちょうど干潮時なので、この通り全く水がありません。しかし滿潮時になると、此所一ぱいに潮が滿ちて來ます。その時にあの水門をあけて、貯水池に海水を引入れるのです。御承知のやうに、この附近の海は干滿の差がはなはだしいので、何時でも塩田に水を引くわけにまゐりません。それで、滿潮時に水を引いてためておくのです。では、向ふの作業をしてゐる所へ行って見ませう。」 日はかんかん照って、やけつくやうに暑い。橋を渡ると、堤防の下は一帶の塩田で、大勢の人夫が忙しさうに働いてゐる。長い柄の塩かきで、塩をかき集めるもの、集った塩を籠で運ぶもの、皆玉の汗を流しながら、わき目もふらず一生けんめいだ。  やがて島田さんは

「この小さな樋(ひ)から、蒸發池に海水を引くのです。深さはおよそ四センチ内外にします。その水が天日にあふと、水分は蒸發して、後に塩が殘るのです。しかし、さう簡單(かんたん)に塩がとれるわけではありません。この通り蒸發池はいくつもあって、水が次々に流れて行く間に、水分は蒸發して、次第に塩を多くふくんだものになります。それをあの結晶池に移すと、其所でいよいよ塩が結晶して、眞白にたまるのです。」

「蒸發池の海水がいよいよ塩になるまでには、どれ程かゝりますか。」

「まづ十日位です。」

「年中仕事をつゞけてゐますか。」

「いゝえ。天日製塩は天日を利用するので、仕事の出來るのは、暖い間の四月から十月までです。」

「それでは、暑いこの頃が一番いい時期ですね。」

「さうです。今年はこの月にはいってから晴天がつゞいたので、仕事が豫定以上にはかどりました。向ふに見えるのが、塩を精製する工場です。ついでに御案内しませう。」

晴

需
擴

島田さんは道々、朝鮮にはこの附近と平安南道の廣梁(こうりょう)灣、平安北道の南市とで、合計二千四百ヘクタール餘の塩田があって、年々およそ一億五千萬キログラムの塩を産すること、しかし、それでも全鮮の需要の半分をもみたすに足らないので、この不足をおぎなふために、塩田の擴張計畫があることなどを話して下さった。

［第十六］黒潮

海の中に川が流れてゐると言ふと、いかにも不思議に聞えるが、實際、大洋の中を川のやうに流れてゐる水の筋がある。海流といふのはこの水の筋のことで、我が國の太平洋岸を流れてゐる黒潮は、その主なものの一つである。

この海流は、太平洋の赤道附近の水が、たえ間なく吹いて來る北東貿易風に吹送られて生ずる。この流は、フィリピン諸島から臺灣の岸を洗って北東へ流れ、沖繩（おきなは）諸島の西に出て、さらに九州の南へ進んで來る。さうして、この附近で一つの支流を出してゐる。日本海の方へ流れる對馬（つしま）海流といふのがそれで、その一部は、わが朝鮮の東西の兩海岸を洗ってゐる。本流は九州の南端を通ってから方向を東に轉じ、四國の南を流れ、伊豆（いず）諸島に向って、非常な速さで流れて行く。やがて犬吠﨑（いぬぼうざき）の沖で方向を北東に轉じ、次第に我が國の海岸を遠ざかるのである。

際
筋
赤
速

黒潮は、大西洋を流れるメキシコ灣流とともに、世界に名高い暖流で、水温が常に高く、時には三十度以上に上ることもあって、附近の海水よりは四度も高い。さうしてその流れる速さは、臺灣から九州の南端までは、一日五十五キロから九十キロの間に過ぎないが、それから犬吠﨑までの間は急に速さ

を増して、一日百八十キロにも及ぶことがある。

この海流の幅は、臺灣附近ではおよそ百八十キロで
あるが、次第に廣くなって、伊豆諸島附近では最も
廣く、五百五十キロから九百二十キロに及んで、遠
く小笠原(をがさはら)諸島の南方にまでひろがってゐ
る。深さは所によって多少の違はあるが、深い
所になると、百八十メートル位の底まで流れてゐる
さうである。それは赤珊瑚(さんご)が、土佐(とさ)沖
で百三十メートル位の海底に産することからも、推
しはかられる。

この海流を黒潮と呼ぶのは、海水が黒く見えるから
である。實際に流れてゐる所に行ってみると、眞黒
とは言へないが、紺青(こんじょう)色を呈してゐて、
附近の黒潮に屬しない部分とは、はっきり色も違
ひ、何とも言ひやうのない美しさである。かの大西
洋を流れるメキシコ灣流も、黒潮と全く同じ色をし
てゐる。

かつて一人の婦人が、航海の途中たまたまメキシコ
灣流を過ぎて、その海水の美しさに心をひかれ、

衣服 失	何とかして、かういふ色の衣服を得たいものだと、あまねく有名な織物の産地を探し廻ったが、つひに見いだすことが出來なくて、非常に失望した。それから數年後のことである。この婦人は、はからずも支那の商人が持って來た織物の中に、夢にも望れなかったその色の絹を見いだして、とびたつばかり喜んだ。それこそ黒潮の色から思ひついて染めたものであったといふことである。

【第十七】鰹【かつを】つり

父(とう)さん僕も行きたいな、
しほ風けぶる沖の方、
かもめの群に送られて、
あの大波をのりこえて、
僕も行きたい鰹つり。

沖にはきっと黒潮が、
うづをつくってゐるだらう、
そのまん中へ糸なげて、
船ばたぐっとふみしめて、
僕も鰹をつりたいな。

まってろ、
まってろ、
そのあしが、
その手が樫(かし)の木のやうに、
大きく強くなる日まで。

糸

【第十八】北風號

北風はたけが一メートル六十もある黒馬で、毛はうるしのやうにつやつやしく、見るからに強さうな軍馬である。北風の主人は若い騎(き)兵中尉(い)で、大そう北風をかはいがって、まるで我が子のやうに大事にしてゐた。ある年戰爭が始ったので、北風も外の軍馬と同じやうに、主人にしたがって戰地へ向った。

戰地ではいろいろつらい事もあったが、戰場をかけ廻るのは、北風にとって愉快な事であった。ラッパのひゞきや大砲(ほう)の音に、北風の心はまづ勇みたつ。やがて「進め」の號令がかゝると、たゞ愉快にたゞ一生けんめいにかけ出す。戰場の光景は實に恐しいものであったが、北風は自分の信じてゐる中尉が乗ってゐてくれるので、砲彈(だん)の雨の中でも。銃(じう)劍の林の中でも、びくともせずに勇ましく活動した。

しかしとうとう恐しい日が來た。或朝の事であった。東の空がほんのりと白む頃、北風は外の軍馬と

露營

露
結

靜

一しょに、露營のテントの前に、列を正して並んだ。兵士たちはめいめいの馬のそばに立って、今か今かと命令の下るのを待ってゐた。月が西の空にうす白く殘り、野には朝露がしっとりと置いてゐた。

だんだん明るくなって來た。中尉のかたく結んだ口もと、するどい目の光、その樣子がどうも一通りでない。利口な北風はすぐそれに氣がついた。やがてあたりの靜かさを破って、大砲の音がとゞろき始めた。中尉はひらりと北風にまたがって、みだれてゐたたてがみをそろへ、首筋を輕くたゝきながら、

　「おい北風、今日は大分手ごたへがあるぞ。しっかり頼むよ。」

と、まるで人間に言ふやうに言った。北風は、主人の手がかうして首筋にさはるのが、何より好きだったから、うれしくて、得意さうに頭を高くあげた。やがて中尉はちょっと腕時計を見て、いつものやうにすんだ聲で號令をかけた。

　「乘馬。」

兵士たちは一齊に馬上の人となった。馬はどれも皆張りきって、くつわをかんだり前がきをしたり、頭

をふり上げたりしながら、乗手の合圖が下るのを待ちかまへてゐた。

數分の後には、北風はもう列の先頭に立って進んでゐた。

その日の戰は果して今までになくはげしかった。中でも一番目覺しかったのは最後の襲撃(しうげき)。谷一つへだてた向ふの岡に、敵の砲兵が放列をしいてゐる。味方はその正面から眞一文字に進んで行く。敵彈は前後左右へ雨のやうに落ちて來る。それでも誰一人敵に後を見せる者はない。やがてもうもうと上る白煙の間から怪獸(かいじう)のやうな大砲と、そのまはりにむらがる人かげが見えて來る。砲口はかはるがはるいなづまのやうな砲火をはいて、耳もつぶれさうにほえ立ててゐる。人はいよいよ勇み、馬はますますはやる。

裂
片
體

中尉は始終先頭に立って進んでゐたが、敵陣(じん)が間近になったのを見て、一だん高く軍刀を振りかざし、いつもの晴々とした聲で、

「そら、もう一息だぞ。襲(おそ)へ襲へ。」

と叫んだ。ちょうどその時、敵の砲彈が近くで破裂して、その破片がぴゆっと北風のたてがみをかすめた。北風は、主人の體がくらの上でぐらっとゆれるのを感じた。と、たづなが急にゆるんで、中尉は後方にころげ落ちた。北風は驚いてすぐに立止らうとしたが、後からかけて來る味方に追はれて、思はずその場から數十メートルも進んでしまった。しかし主人をうしなったと思ふと、今まで張りつめてゐた勇氣もくじけて、夢からさめたやうにあたりを見廻した。大空には、午後の日が大砲の煙や砂ぼこりにさへぎられて、どんよりとかゝり、地上には、人馬の死がいがあちらにもこちらにも重り合ってゐる。北風はにはかにおぢけがついた。さうして主人がこひしくなって、今來た方へ一散にかけもどった。

倒

付

勝

主人の姿を見つけると、静かにそのそばに立止った。中尉はあをのけになって倒れてゐる。北風は、もう一度鼻先をなでてもらひたくなって、そっと顔を主人の肩のあたりへすりよせた。中尉の手はじっとして動かない。北風はもう一度あの勇ましい號令が聞きたいと思って、訴へるやうな目付で主人の顔を見下し、左右の耳をそばだててみた。しかし聞えるのはかすかな息づかひばかりであった。ちょうどその時、はるか遠方で味方の萬歳の聲がわき起った。戰爭なれた北風は、この聲の意味をよく知ってゐた。さうしてこれに合はせるやうに、また自分の最愛の主人に味方の勝利を語るやうに、一聲高く天に向っていなゝいた。中尉の顔には滿足らしいゑみが浮んだ。

［第十九］星の話

ある晩、玉姫(き)は姉と一しょに庭先で涼んでゐた。すみきった空には、無數の星が寶石をちりばめたやうに輝いてゐる。玉姫はじっと空を眺めてゐたが、やがて尋ねた。

「妹(ねえ)さん、空にはあんなにたくさん星が見えますが、少しも動かないのですか。」

「さうです。大ていの星は動きません。けれども地球が廻るために、私どもの目には星の位置が變って見えるのです。ためしに、どの星か見覺えておいてごらん。ねる頃にはもう位置が變ってゐますから。」

「それでも航海する人は、星を見て船の位置を知るといふではありませんか。もし星の位置がそんなに變るものなら、目當にはならないでせう。」

「いゝえ。何月何日の何時には、何といふ星が何所に見えるといふことは、學問上でよくわかってゐますから、それから考へて、船の位置はすぐわかるのです。それにたくさんある星の中で、たゞ一つだけ、年中ほとんど位置の變らないのがあるので、なほさら都合がよいのです。」

姉
寶
輝

置

當

都

極星

「それは何といふ星ですか。」

「北極星といふ星です。」

「でも、あんなにたくさんある星ですもの、それを見つけるのは大變でせう。」

「それには又大そう都合のよいことがあります。それは北斗(と)七星といふ一群の星があって、何時でも北極星の位置を知らせてくれることです。あれごらん、向ふの松林の上にひしゃくのやうな形になって、七つの星が並んでゐるのが見えるでせう。」

「えゝ見えます。」

端

「あれが北斗七星です。あの柄でない方の端にある二つの星を結びつけて、その

北斗七星

★北極星

延

線をひしゃくの口の向いてゐる方へ延ばして行くと、今結んだ二つの星のへだたりの五倍ばかりの所に、かなり大きな星が見えますね。あれが今話した北極星です。」

「あゝ、あの一番高い松の眞上にあるのですか。」

「さうです。それに、あの星と北斗七星との關係は常に變らないし、また北斗七星は何時もあんな形をしてゐるから、あの星をもととして、すぐに北極星を見つけることが出来ます。その上、北極星は何時もきまって眞北にありますから、あれを見つけさへすれば、道にまよった時などにも、すぐ方角を知ることが出来ます。」

玉姫は感心して、熱心に空を眺めてゐたが、

「姉さん、あの白くぼかしたやうに長くつゞいてゐるものは、何でせう。」

「あれは、天の川ともまた銀河ともいって、何百萬とも數の知れない星の集りです。」

二人が話をしてゐる間に、いつか月が上って、お庭のすみの草むらでは、こほろぎがすんだ聲で鳴き出した。

天

【第二十】水兵の母

妻

目

明治二十七八年戰役の時のことであった。ある日、我が軍艦高天穂(たかちほ)の甲板(かんぱん)

で、一人の水兵が、女手の手紙を讀みながら泣いてゐた。ふと通りかゝった某(ぼう)大尉がこれを見て、

「どうした。命が惜しくなったか、妻子がこひしくなったか。軍人となって、いくさに出たのを男子の面目とも思はず、その有樣は何事だ。兵士の恥は艦の恥、艦の恥は帝國の恥だぞ。」

と言葉鋭く叱った。

水兵は驚いて立上って、しばらく大尉の顔を見つめてゐたが、やがて頭を下げて、

「それはあまりなお言葉です。私には妻も子もありません。私も日本男子です。何で命を惜しみませう。どうぞこれを御覧下さい。」

と言って、その手紙を差出した。

大尉はそれを受取って見ると、次のやうな事が書いてあった。

<table><tr><td>格</td><td>

「聞けばそなたは豊島（ほうとう）沖の海戰にも出ず、また八月十日の威海衛（いかいえい）攻擊（げき）とやらにも、格別の働がなかったとのこと。母はいかにも殘念に思ひます。何のために戰に出ましたか。一命をすてて君の御恩に報いたるためではありませんか。村の方々は朝に晚に、いろいろとやさしくお世話下され、『たゞ一人のお子が、お國のため戰に出られたことゆゑ、定めし不自由なこともあらう。何でもえんりょなく申されよ。』と、親切におっしゃって下さいます。母はその方々の顔を見る度に、そなたのふがひないことが思ひ出されて、この胸は張りさけるやうです。八幡（はちまん）様に日參するのも、そなたがあっぱれな手がらを立てるやうにとの心願からです。母も人間ですから、我が子がにくいとは夢にも思ひません。どんな心持で、母がこの手紙をしたゝめたか、よくよくお察し下さい。」</td></tr></table>

大尉はこれを讀んで思はず涙を落し、水兵の手を握って、

「わたしが惡かった。お母さんの精神は感心の外はない。お前の殘念がるのももっともだ。しかし、今の戰爭は昔と違って、一人で進んで手がらを立てるやうなことは出來ない。將校も兵士も、皆一つになって働かなければならない。すべて上官の命令を守って、自分の職務に精を出すのが第一だ。お母さん『一命をすてて君恩に報いよ。』と言ってゐられるが、まだその折に出合はないのだ。豐島沖の海戰に出なかったことは、艦中一同殘念に思ってゐる。しかしこれも仕方がない。その中には花々しい戰爭もあるだらう。その時にはお互に目覺しい働をして、我が高天穗艦の名をあげよう。このわけをよくお母さんに言って上げて、安心なさるやうにするがよい。」

と、言聞かせた。

水兵は頭を下げて聞いてゐたが、やがて擧手の禮をしたまゝ、立去り行く大尉の後姿をじっと見送った。

［第二十一］朝鮮ノ鑛業

朝鮮ノ産業ハ、始政後ワヅカ二十餘年ニシテ、目覺シテ發達ヲトゲ、着々ソノ實績ヲアゲツヽアリ。中ニモ鑛業ハ鑛産物ノ種類多ク、埋藏量マタ豐富ナルヲ以テ、特ニ注目ニ値ス。

我ガ朝鮮ニテ、スデニ發見セラレタル鑛物ノ種類ハ、百數十種ノ多キニ達シ、ソノ中ニハ、朝鮮ノ四大鑛物ト稱セラルヽ金・鐵・石炭・黒鉛ヲハジメ、約三十種ノ有用鑛物フクマル。

鑛産物中生産額ノ最モ多キハ金ナリ。ヒロク全鮮各地ヨリ産シ、特ニホコルベキハ、砂金ノ豐富ナルコトナリ。近年、總督府ハ獎勵金交付ノ規則ヲ設ケテ、大イニ産金ノ獎勵ニツトメツヽアリ。

埋藏豐以値

稱黒鉛

付

砂金採取船

坐	金ニツグモノハ鐵ニシテ、毎年約五十萬とんヲ産出シ、ソノ半ハ內地ニ移出セラル。シカレドモ、年額二百五十萬とんニ及ブ內地ノ需要ニ對シテハ、ワヅカニソノ一部ヲオギナフニスギズ。
採掘	朝鮮ノ鐵鑛業上、將來有望ナルハ茂山(モサン)ノ鐵山ナルベシ。ソノ埋藏量實ニ五億とんト稱セラレ、目下着々コレガ採掘ノ計畫ヲ進メツヽアリ。コハ我ガ國ノ鑛業上ハ勿(モチ)論、國防上ニモマコトニ喜バシキ事ニシテ、鐵ノ自給自足ノ實現セラルヽモ、サマデ遠キニアラザルベシ。
給	
惠	鐵ニ惠マレタル朝鮮ガ、石炭ニモ惠マレテ、十七億とんノ埋藏量ヲ有スルコトハ、眞ニ天惠ト稱スベク、年々約百萬とんヲ産出ス。中ニモ無煙炭ハ大半內地ニ移出セラレ、聲價年ゴトニ高マラントス。
價	
優	黑鉛ハソノ産額前三者ニ及バズトイヘドモ、品質優良ナルノミナラズ、朝鮮ノ鑛産物中唯(ユイ)一ノ輸出品ナレバ、ソノ前途甚ダ有望ナリ。
灰 貴重	以上ノ外、まぐねさいと・礬土頁岩(バンドケツガン)・明礬(ミョウバン)・螢石・重晶石・硅(ケイ)砂及ビ石灰岩等ノ貴重ナル鑛産物ヲ出ス。イヅレモソノ埋藏量

豊富ニシテ、産額ハ年トトモニ増加ノ勢ヲ示ス。從
來內地ニオケルコレ等ノ鑛物ノ需要ハ、ホトンド外
國ニ仰ギタリシガ、今ヤ朝鮮産コレニカハルニ至レ
リ。

試ニ鑛産總額ニツキ、明治四十三年ト、二十餘年後
ノ昭和七年トヲ比較(ヒカク)センニ、前者ノ六百餘萬
圓ニ對シ、後者ハ約三千三百萬圓ニシテ、優ニ五倍
强ノ増加ヲ示セリ。將來サラニ當局ノ奬勵ト、經營者
ノ努力トニヨリテ、今日ノ數倍或ハ十數倍ノ産額ヲ
上グルコト、サマデ困難ナラザルベシ。

朝鮮ノ鑛業ハソノ前途マコトニ多望ナリトイフベ
シ。

試
昭

困難

[第二十二] 楠公[なんこう]父子

一　千早の籠城

元弘(げんこう)元年九月に笠置(かさぎ)がおちいり、つゞいて赤坂城も賊の手に渡った。その後は、天下に一人として義を唱へる者もなかった。ところが、翌年の十一月、突然闇(やみ)を破って、一筋の光明が近畿(きんき)の空に輝き出した。それは、一時身をひそめてゐた楠木正成(くすのきまさしげ)が、ふたたび金剛山(こんごうざん)に現れ、千早城を築き、さらに赤坂城を回復した事である。護良親王(もりながしんのう)もこれに呼應して、兵を吉野(よしの)におあげになった。

北條氏(ほうじょうし)は驚いて大軍をさし向け、まづ赤坂城をとり、次に吉野をおとしいれた。勝ちほこった賊軍は、ことごとく金剛山に集り、千早の孤(こ)城は風前のともしびの如く見えた。しかし正成は少しも屈しない。或は攻寄せる敵兵めがけて大石を落したり、或は堀に渡した敵のはしごを、たいまつで焼落したりして、散々に賊軍をなやまし、城はなかなかおちいりさうでなかった。

籠
賊
明
呼應
寄
堀
焼

正成の武名はたちまち遠近に傳はって、勤王の兵をあげるものが相ついで起った。やがて北條氏は、鎌倉に攻入った新田義貞(にったよしさだ)に滅され、千早城の圍も自然にとけて、世は間もなく建武(けんむ)の中興となった。

二　櫻井の別れ

建武の中興はわづか二年で、世はふたゝび亂れはじめた。足利尊氏(あしかゞたかうぢ)が鎌倉によってそむき、西の方京都に攻上ったが、楠木・新田・北畠等の諸將に破られて、はふはふのていで九州へ逃げた。

尊氏は九州で勢をもり返し、弟の直義(たゞよし)と海陸からならび進んで、ふたゝび京都に迫った。この時、正成は必勝のはかりごとを立てたが用ひられない。そこで戰死の覺悟をきめて、戰場へ向った。正成は途中、青葉のしげる櫻井の驛で、今年十一になるわが子正行(まさつら)に、さきに天皇からたまはった菊水の刀を授けて、

「この度の合戰に、勝利を得ることはおぼつかない。父が戰死した後は、世は尊氏のものとなるであらう。しかし、お前は必ず父に代って忠義を全うせよ。これが第一の孝行である。」

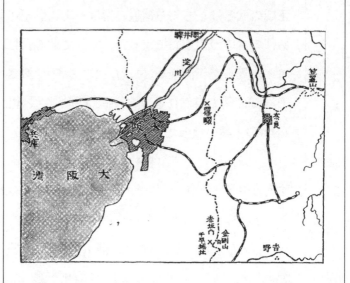

諭

とねんごろに諭して、河内(かはち)に歸した。

父と子が、涙ながらに東西に別れたこの話を聞いて

悲

は、誰でも悲壯の感にうたれるであらう。

三　母の教訓

正成は兵庫(ひょうご)の戰に刀折れ矢つきて、つひに

戰死をとげた。尊氏は敵ながらも正成の忠義に感じ

て、その首を河内の遺族に送りとゞけた。正行は父

の靈(れい)前に泣伏(ふ)し、かたみの刀を拔きはなっ

殺

て自殺しようとした。これを見つけた母は、かけ

よって刀をもぎとり、

「お父(とう)樣は何とおっしゃって、この刀を下さいましたか。もうあの時の御遺訓を忘れましたか。そんなことでは大君のお役に立たうとも思はれません。」

と、涙ながらに言聞かせた。正行はげにもと心をとり直し、それから後は、朝敵を滅すことを片時も忘れなかった。

四　四條畷(しじょうなはて)の戰

正成の戰死した後、新田・北畠・名和の諸將も相ついで戰死し、その上、後醍醐(ごだいご)天皇も崩(ほう)御あそばされて、吉野朝の勢は日に日におとろへた。この時、正行は部下をひきゐて行宮(あんぐう)を守り、又しばしば河內・攝津(せっつ)の賊軍を打破って、ふたゝび官軍の勢を盛にした。尊氏は大いに驚いて、高師直(こうのもろなほ)に命じ、大軍をひきゐて吉野に向はせた。これを聞いた正行は、今度の戰こそ最後の御奉公と覺悟し、一族百四十餘人を引きつれて天皇に拜謁(えつ)し、又先帝の御陵を拜し、如意輪堂(にょいりんどう)の壁板に一族の名を書きつらね、その終に、

陵

かへらじとかねて思へば梓(あづさ)弓、

なき數にいる名をぞとゞむる。

といふ歌をしるして、戰場に向った。

正平三年正月、六萬餘の敵軍は進んで四條畷に陣(じん)をしき、正行はわづかに三千の小勢をもって、これに當った。正行は必ず師直を討(うち)取らうと思って、縦横無盡に戰ひ、今にもその首を取らうとしたが、家來が身代りにたって討死したので、とうとう師直を逃がしてしまった。正行は終日の奮戰で、深手淺手の數知れず、今ははやこれまでと覺悟して、弟正時とさしちがへて、花々しい最期をとげ、忠孝二つの道を全うした。

楠公父子の忠誠は我が國民のかゞみで、その感化は永く千年の後までも及び、幾多の忠臣や孝子を生み出した。

[第二十三] 愛國朝鮮號

「ぶううう。」

静かな空に、サイレンがけたゝましく鳴りひゞいた。ぽんぽん花火が上る。今日は待ちに待った訪問飛行の日だ。「いよいよ來るな。」と思ふ間に、北東の空にぽっつり、我が愛國朝鮮號はその勇姿を現し、みるみる大きくなって來る。

「萬歳、萬歳。」

數萬の觀衆はどっと歡聲を上げた。

機は悠々(ゆうゆう)風をきって、前方五百メートル程の上空に近づいた。と、見る間に横轉・反轉・宙(ちう)返り・きりもみなど、息もつがせぬ早業。あまりの見事さに、觀衆は我を忘れて見とれてゐる。

突然、場の一方から「あっ。」といふ叫び聲がおこった。爆音ものすごく、機はぐんぐん觀衆の頭上に落ちて來る。僕は思はず身をすくめた。

「かたかた、かたかた。」

耳をつんざく機關銃(じう)の音に、驚いて目を開いた。機は水上に浮べた目標(ひょう)を射撃(げき)するために、急直下をしたのだ。

翼

ふたゝびサイレンが鳴りひゞいた。見上げると、我が愛國朝鮮號ははるかの上空を、悠々銀翼を輝かしながら飛んで行く。

[第二十四] 爾靈山（にれいざん）

「皆さんおそろひのやうですから、出かけることに
　いたしませう。」
かう言ひながら、案内者の岩山さんは先頭の馬車に
乗った。岩山さんはその昔、旅順の攻撃に、あっぱ
れな手がらを立てた勇士ださうだ。一行十五人をの
せた五臺の馬車は、静かな新市街の通を、右に折れ
また左に曲って、やがて町の北はづれに出た。

道の兩側は果樹園で、赤く色づいた苹果が、きらき
ら日に輝いてゐる。程なく、行手の右に煉瓦造の建
物が見え出した。岩山さんが「あれは元ロシヤ騎（き）
兵隊の兵舎であったのです。」と教へてくれた。

それからおよそ四百メートルばかり行くと、小さな
部落にさしかゝった。

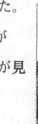

突然一行中の一人が

「あゝ、爾靈山が見
　える。」

と叫んだ。

撃

元

碑

見れば前方左なゝめの空に、眞中のくぼんだ、馬の背のやうな山がそびえてゐる。かすかに見える頂上の記念碑で、一見爾靈山とうなづかれた。

馬車は、手入の行きとゞいた畑や、小松の生えてゐる岡を、左右に見送りながら、蹄（ひづめ）の音も高らかに、ひた走りに走りつゞける。

戰跡めぐりの馬車が、幾臺となく歸って來る。すれちがふ度に、もうもうと立上る砂煙で、目も口もあけてゐられない。

空

やがて馬車は、一面に赤松が茂ってゐる山のふもとに止った。そこには數十臺の空馬車が、道一ぱいにふさがってゐた。

登

一行は馬車を下りた。赤ちゃけた登山道が、右手の山から爾靈山の山腹かけて延びてゐる。上りはかなり急で、その上、こぶし大の石がごろごろころがってゐる。一行は木かげ一つない急坂を、折からの午後の日に照りつけられながら、あへぎあへぎ上った。

「あゝ、いい見晴しだ。」

突然、頭の上で叫ぶ者がある。私は息をはづませながらかけ上った。

見渡せば、旅順の港をはじめ新市街も停車場も、白玉山上の表忠塔も、すべて手にとるやうに見える。

目を轉ずれば、はるか東方、東雞冠山方面から遠く北方へ、大小あまたの山が大波のやうにつらなってゐる。どの山にも、我が包圍軍の奮戰を物語る記念の塔がそびえてゐる。

「さあ、もう一息です。」

と岩山さんにうながされて、一行は頂上の記念碑の前へ急いだ。

碑は、花崗岩を二段につみ上げた臺石の上に立ち、形は小銃彈にかたどったもので、この山で掘出した砲彈でつくったものだとか。高さ十メートル餘、表面の爾靈山の三字は、乃木(のぎ)大將が書かれたものだといふことである。

私は碑のあたりにたゝずむ大勢の見學者にまじって、我が包圍軍の惡戰苦鬪(とう)のさまを心にゑがきながら、時のたつのも忘れて、爾靈山の文字に見入った。

やがて岩山さんはおもむろに口を開いて、話し出した。

「御承知のやうに、この山は高さが二百三メートルあるので、當時我が軍は二百三高地と呼びました。こゝに上れば、旅順の港はもとより、港口を守る黄金山・老鐵山の砲臺も一目に見渡されます。それで、明治三十七年十二月六日、我が軍

黄金

が一度この山を占(せん)領するや、露軍の勢は日に日におとろへ、難攻不落をほこってゐた旅順も、一月足らずで陷(かん)落いたしました。守る敵軍には死んでも手ばなされぬ、いはば旅順要塞(さい)ののど首。攻める我が軍にとっては、たとへ全滅を期しても占領しなければならぬ要害の地。攻める味方も守る敵も、死力をつくして奮戰また奮戰。明治三十七年の九月十九日から七十餘日の間、敵味方兵を交へること實に前後十數回。頑(かん)強な敵の逆襲(ぎゃくしう)をしりぞけて、つひに同年十二月六日の夜明け方、この頂上に、勝利の日章旗をひるがへしたのであります。その戰のはげしかったことは、とうてい筆にも口にもつくせません。彼我の屍(しかばね)は積んで山を築き、血潮は流れて河をなしたといふことであります。この山を占領した時の我が將兵の喜びは、いかばかりであったでせう。」

言葉がとぎれた。岩山さんは、當年の戰友の靈をとむらふやうに、しばらく目をつぶってゐたが、ふた

たび言葉をつゞけた。

「やがて包圍軍の諸將の間に、『この山に名前をつけようではないか。』といふ話が持上りました。ある將軍が『無數の鐵火と、あまたの鮮血とをそゝいで占領した山だから、鐵血山こそ最もふさはしい名であらう。』と言ひました。居合はした他の將軍達も、皆思ひ思ひの名をあげました。

はじめから、黙々として一言も發しないでゐた乃木司令官が、さびしげにほゝゑみながら、

『こんな惡詩が出來た。』

と言って差出されたのが、名高い次の詩であります。

爾靈山ノ險豈(アニ)ヨヂガタカランヤ、
男子功名顴(カン)ニ克(カ)ツヲ期ス。
鐵血山ヲオホウテ山形改マル、
萬人ヒトシク仰グ爾靈山。

これを讀んだ一同は、乃木司令官の胸中を察して、しばらくは言葉もなかったといふことであります。

かくて、幾百千の我が忠勇なる將兵の肉彈をもっ

　　ておとしいれたこの山は、爾靈山と名づけられ

　　て、乃木大將の名とともに、永く後の世に傳へら

　　れるに至ったのであります。」

話は終った。身動き一つしないで、岩山さんの熱辯

に耳をかたむけてゐた一同は、無言のまゝうなだれ

てゐる。見るともなく頭上の記念碑を見上げると、

晴れた九月の空に、白い雲が一つふはりと浮んでゐ

た。

　　　　　　　　　　　　　　　　　　　　　終

辯

昭和九年三月二十二日翻刻印刷
昭和九年三月二十五日翻刻發行

著作權所有

發行所

普國九 る

定價金十六錢

著作者 兼 發行者

朝鮮總督府

京城府元町三丁目一番地

代表者 井上主計

朝鮮書籍印刷株式會社

發行所

京城府元町三丁目一番地

朝鮮書籍印刷株式會社

朝鮮總督府 編纂 第三期 (1930〜1935)

普通學校國語讀本 卷十

第5學年 2學期

普通
學校

國語讀本 卷十

朝鮮總督府

普通學校國語讀本 巻十
もくろく

[第一] 秋

澄	空は澄みきって、ちぎれ雲一つない。
	屋根にひろげた唐辛(とうがらし)の上を、赤とんぼの
	群がすいすい飛んでゐる。
	庭のすみの栗の木には、金茶色の實が、はじけかけ
	た、いがの中から顔をのぞかせてゐる。明日の朝ぐ
	らゐからは、少しづつ落始めよう。好きな栗御飯が
	食べられるのもすぐだ。
端根	川端のポプラの下で、女の人が二人、せっせと大根
	を洗ってゐる。見る間に積まれて行く大根の山。水
	にぬれた大根の白い肌(はだ)が、時々きらりと光る。

向ふ岸の土手につゞく稲田は、もうすっかり色づい
て、見渡すかぎり黄金の波だ。

雜 麓	何所かで、からからと鳴子が鳴り出した。ぱっと飛立った雀の群が「ちゅっ、ちゅっ。」鳴きながら逃げまどふ。 遠くで汽笛の音がする。見ると向ふの雑木山の麓を、おもちゃのやうな汽車が、白い煙をはきながら走って行く。

[第二] 渡り鳥

いつか燕(つばめ)が姿をけして、晴れた夕の空を、雁(がん)が竿になりかぎになりして渡り始めた。

このやうに鳥が去來するのを不思議に思って、昔の人は「燕は波の中にかくれて冬を越す。」とか、「雁は夏の間、北國の雪の中に眠ってゐるのだ。」などと、いろいろ想像をたくましうした。しかし科學の進歩につれて、それは彼等が食物とあたゝかいねぐらを求めて移動するのだといふ事が明らかになった。

鳥の渡りの範圍は、種類によって著しく異なってゐる。

燕は夏の間わが國で雛(ひな)を育て、秋風が立ちそめるや、いち早く南の國へ飛去るが、寒いシベリヤ地方に巣をもってゐる雁やつぐみは、わが國で冬を越す。

かの雀や雉(きじ)は、年中一定の區域にとゞまり、目白や百舌(もづ)は、わづかにその棲(せい)息地の山地と低地との間を移動するに過ぎない。しかるに北極あじさしといふ鳥は、北極に近い所で蕃殖(はんしょく)し、雛の巣立とともに次第に南方へ移って、數箇月の後には、ほとんど南極近くまで行くといふことである。小さな二枚の翼をたよりに、果知れぬ海を渡り大陸を横ぎって、地球の果から果まで旅するこの鳥の健氣(けなげ)さには、今更驚くの外ない。

暖い南の國で冬を越した燕は、春雨(はるさめ)とともにもとの古巣に歸って來て、「只(たゞ)今かへりました。」とでも言ふやうに、家のまはりを高く低く聲をあげながら飛びまはり、やがて巣をつくろって再び雛を育てる。

忠清南道の唐津（とうしん）と黄海道の延白平野は、鶴の渡來地として有名である。これらの地方には、毎年秋の末になると、數千羽の鶴が渡って來て、其所で冬を越す。

このやうに渡り鳥の行先はほゞきまってゐて、彼等は道を違へたり、行先を忘れたりすることはほとんど無い。さうして時も所もたがへず、毎年おもひも及ばない程正確に去來する。

いよいよ渡りの時期が近づくと、多くの鳥は一般に羽換をし、その上、からだの中に多くの脂肪（しぼう）を貯へる。これはあたかも長距離飛行に出る飛行士が、出發前に機體の手入をし、ガソリンを十分に用意するやうなものである。

延
確
貯
距離

鳥 準備 歎	晴れた秋の日、燕の群が高い建物の屋根に群がり、かはるがはる大空を飛びまはるのは、よく見受ける光景である。彼等はあゝして翼をしらべ、一枚々々の羽をみがき上げて、長途の旅行に備へるのである。これもまたかの飛行士が練習飛行をするのに似てゐる。 鳥類が迫り來る渡りの時期をいち早く身に感じて、いろいろ準備をとゝのへるのは、考へてみれば不思議な事である。その上、途中強いものは弱いものを助け、なれたものは若いものを導き、互にいたはり合ひ助け合ひながら、野を越え山を越えて、千里の遠きを去來する鳥の渡りには、たゞたゞ感歎の外ない。

[第三] 雲

朝日のうまれる赤い雲、
夕日の落ちる金の雲、
空を流れる白い雲、
雲は流れて何所へ行く。

お山の中の谷底の
森にうまれた白雲が、
海へ流れて行く時に、
人のお國に風が吹く。

海には空の果がない。
果なく行った白雲が
もとのお山にかへる時、
人のお國に雨が降る。

雨があがれば青い空、
空に小さな雲が浮く。
うまれて來たかお山から、
吹かれて來たか海べから。

［第四］ 勤勞の光

借	田は植付けたまゝで、草も取らなければ肥料もやらない。畑には雜草がぼうぼうと茂ってゐる。借金はかさむ一方で、ともすればその日の食にも困る。これが數年前の有鎭(ゆうちん)一家の有樣であった。
	有鎭は子供心にもこれを殘念に思った。何とかして一家の窮(きう)狀を救ひたい。石にかじりついても一家の更生をはからなければならぬ。彼はいろいろ思ひなやんだ末、母校の校長先生に相談して、その指
導	導を受けることになった。
	それから有鎭は學校の指導を守って、實によく働いた。田畑の耕作はすべて改良農法によった。苗代は揚床(あげどこ)式にし、もみは薄蒔(うすまき)、正條植や淺植も實行した。雨もいとはず、暑さにもめげず、
除追泥穭	中耕から除草・追肥と泥にまみれて働いた。その結果、秋の收穫は今までの二倍に達したのである。
	これを見て一家の者は驚いた。改良農法には極力反對して來た祖父も父も、この事實の前に目をみはった。或日、校長先生が指導にまはって來られた。その時、有鎭の父は

「先生、私ははじめて目が覺めました。今まで私も父も、有鎭の改良農法にはどうしても賛成が出來なかった。しかしこの秋の出來で、改良農法のすぐれてゐることがよくわかりました。勤勞の尊さをしみじみ感じました。これからは有鎭を助けて、根かぎり働きます。」

と、涙を浮かべて言った。

それからの有鎭一家の働きぶりは、實に目覺しかった。親子がそろって野良(ら)に出れば、祖父は家で叺やむしろを織り、妹は母を助けて養蠶に精を出す。明るい氣分が一家にみなぎって、家人は愉快に働く。かくて家の暮しは樂になり、貯金も次第にふえて、二年目の秋には、長年苦しめられた借金を返してしまふことが出來た。

希望に輝く有鎭一家の更生ぶりを見て、村人ははじめて長夜の眠から覺めた。さうして、みんな有鎭にならって改良農法に改め、又副業にも勵んだ。家家には笑の聲があふれ、村は日にまし裕(ゆう)福になって行った。

床 絶	有鎭は村人を語らって振興會をおこし、自分は毎朝起床の鐘をつきならす役目を引受けた。 それから三年、どんな寒い朝でも鐘の音は絶えたことがない。 「かんかん、かんかん。」 村人は 「そら鐘が鳴る、起床の鐘が鳴る。さあ、みんな起きて働かう。」 と、床をけって起出るのである。

[第五] 貯金

一日ニ一錢・二錢ヅツニテモ積立ツル時ハ、五年・十年ノ後ニハ、餘程ノ金高トナル。コノ金ヲ以テ、今マデ買得ザリシ必要品モ買フコトヲ得ベク、家業ノ資本ノ一部分トモナスコトヲ得ベシ。又病氣ソノ他ノ場合ニモ、他人ノ助ヲ受ケズシテ、ソノ費用ヲ支辨(ベン)スルコトヲ得ベシ。

貯金ノ方法ニハ種々アレドモ、郵便貯金トナシ、又ハ金融組合・銀行等ニ預ケ入ルヽヲヨシトス。カクノ如キ方法ニヨル時ハ、安全ニ保管セラレ、利子モ次第ニ加ルノミナラズ、ソノ預金ハ種々ノ事業ニ運用セラレテ、知ラズ知ラズ國家ノ繁榮ヲ助クルコトトナル。

郵便貯金ニテハ、一度ノ預ケ高一人拾錢以上ニシテ、普通ノ預ケ人ハ、貯金總額二千圓ヲ越ユルコトヲ得ズ。

銀行預金ハ、普通ノ銀行ニテハ一度ニ拾圓以上ノミヲ取扱ヘドモ、貯蓄銀行ニテハ拾圓以下ニテモ預ル。金融組合ニテ取扱フ預金ノ中、何人モ利用シ得

榮

拾

蓄

何

ルハ貯蓄預金ニシテ、一錢以上何程ニテモ預ル。預金總額ハ、三者何レモ何等ノ制限アルコトナシ。

郵便局所ニテモ、金融組合又ハ銀行ニテモ、金錢ヲ預ケタル者ニハ、ソノ金高ヲ書入レタル通帳ヲ渡ス。コノ通帳ハ、コノ後金錢ヲ預クル時ニモ、引出ス時ニモ必要ナルモノナレバ、大切ニ保存スベシ。

貯金ヲナシ得ルト否トハ、ソノ人ノ收入ノ多少ニモヨレド、マタ平生ノ心掛ニヨル。サレバ常ニ無用ノ入費ヲハブキ、マタ一方ニ收入ヲ増シテ、オノレノ爲社會ノ爲ニ、成ルベク多ク貯ヘンコトヲ努ムベシ。タバシ貯金センガタメニ、必要ナル費用マデモ惜シムガ如キハ、イヤシムベキ事ナリ。

否

努

［第六］農業實習生の手紙

先生、しばらく御無沙汰(さた)いたしました。その後お變りもございませんか。

いつか秋もふけて、あちこちの柿の梢(こずゑ)に、まっかな實が目覺めるばかりに輝いてゐます。

こちらは四五日前にやうやう刈入ををへて、只(たゞ)今は籾すりの眞最中です。今朝も一番雞を聞くが早いか起きて、近所のお手傳といっしょに、にぎやかに籾すりをいたしました。これまでも度々申し上げましたやうに、内地の人がよく働くのは感服の外ありません。

日頃御主人は、「家族の勤勞が農家第一の資本である。」と申してをりますが、家内中の者が心を合はせて働く點は、ぜひ學ばなければならぬ美風だと思ってゐます。

先生、私がこちらにまゐりましてから、もう一年近くになります。この間、御主人の懇切な御指導で、農業上の尊い經驗をつむことが出来た

籾
雞

學

懇
驗

ばかりでなく、進んだ内地の文化に接して、大いに見聞をひろめることが出來ました。その上、知らない土地に居ながら、さびしいおもひ一つせず、愉快に暮すことが出來たのは、全く御家族はじめ近所の方々の御親切からだと、心から感謝してゐます。

謝

責

先生、今後の私の責任はいよいよ重くなります。歸鄕の上は、一年間の實習で體得した農道精神にもとづいて、一心に農事の改良に努め、部落の振興に力をつくして、先生はじめ皆様の御恩に報いたいと念じてをります。

遠くで聞えてゐた祭の太鼓(こ)もいつかやんで、秋の夜は靜かにふけて行きます。御地はもう夜寒の頃かと存じます。どうぞおからだを御大切

重

になさいますやう、幾重にもお祈り申し上げます。

　　十月二十五日　　　　　　　　　明吉
　　　高先生

［第七］ 蝀龍窟【とうりうくつ】

清川江の清流にのぞむ球場驛をはなれた汽車は、しばらく山の裾を走ってゐたが、やがて蝀龍窟驛に着いた。

ホームに下りると、私は案内の金さんに尋ねた。

「見えますかね、蝀龍窟のある山は。」

「あの一きは高い山が龍門山で、蝀龍窟はあの邊の地下一面にひろがってゐるのです。」

指ざす東の空に、龍門山は重り合ふ山の間から肩をのぞかせてゐる。

一行は線路を横ぎって南東へ、爪先上りの道を急いだ。

空はあくまで高く晴れて、山々の紅葉（もみぢ）はもえ立つばかり美しい。

坂を下り峠（たうげ）を越え、萩（はぎ）や桔梗（ききゃう）などの秋草が亂れ咲いてゐる山裾の道を、幾度も曲り曲って、やがて山腹の山小屋にたどり着いた。

半月形の大きな洞口が「地下金剛蝀龍窟」ときざんだ石柱の後に、東を向いて開いてゐる。この奥に、總面積七萬平方メートルに近い大鐘（しょう）乳洞がひろがってゐようとは、どうしても信じられない。

程なくガソリンランプの用意が出來た。

「では御案内しませう。」

長身の金さんは腰をかゞめながら、洞内に足をふみ入れた。

四十度近い傾斜(けいしゃ)の道が、眞直に闇の中へつゞいてゐる。じめじめした道を、太い鐵索(さく)を力に一足々々下って行く。

およそ八十メートルも進んだと思ふ時、先頭の金さんは「氣をつけて下さい、梯子(はしご)です。」と言ひも終らず闇の中に姿を消した。おそるおそるのぞけば、かすかな光の中に小さな頭が動く。私は冷たい棧(さん)を握りしめながら長い梯子を下りた。

煌々(こうこう)たるランプの光に照らし出されたのは、夢にも思はなかった一大空洞で、洗心洞と呼ばれるのは此所だ。高い圓天井から垂下る無數の鐘乳石と、洞床に林立する石筍(じゅん)の群。牝(め)牛の乳房のやうに垂れるもの、筍(たけのこ)のやうに伸びるもの、長いもの、短いもの、大きいもの、小さいもの、天地が相呼び相こたへる光景は、地上では想像も及ばない。

蝶龍窟平面圖
縮尺六千分之一

もう此所までは一筋の外光もとゞかない。何所
かで水の滴る音がする。ひしひしと迫る異樣な洞氣
と、眼前にひろがる怪奇（かいき）な光景に、私は我を
忘れて立ちすくんだ。
　「どうです、この石筍は。」
金さんがかざすランプの光の中に現れたのは、高さ
六メートルもあらうかと思はれる一大石筍である。
かたはらに「彌勒（みろく）塔」と記した小さい立札が
立ってゐる。
彌勒塔を後に小路を行くと、やがて前面に幾萬とも
數の知れない鐘乳石が、咲盛る藤（ふぢ）の花のやうに
垂下ってゐる。怪と言はうか奇と言はうか、鐘乳洞
ならで何所にこの光景が見られよう。
さらに練兵場と呼ぶ廣場を過ぎると、道の左に武士塔
といって、さながら武士が兜（かぶと）をつけたやうな
大石筍が突立ってゐる。その後に、水をたゝへた十疊
敷（じょうじき）位の小池が、闇の中に光ってゐる。
間もなく眼前に現れたのは、ものすごい程深い谷であ
る。額の汗をふきふきこれを越えると、再び一大空洞
に出る。昭和四年にはじめて此所を探檢した時、幾千
といふ蝙蝠（かうもり）の大群が羽音ものすごく飛立っ
て、一行の肝（きも）を冷したといふことである。

（欄外）滴　記　路　額　探險　冷

如仁	それから、窟内一番の難所といはれてゐる成佛嶺（じょうぶつれい）を越えて、狹い石門をくゞり、石灰華（か）が瀧（たき）のやうに垂れてゐる洞壁の見事さに、目をみはりながら更に進めば、窟内は急に開けて、一大殿堂にはいる。 此所が有名な多佛洞で、洞壁は高く天に伸び、洞床には無數の石筍が、白い姿を闇の中に浮かべてゐる。如來像のやうなもの、仁王のやうなもの、塔のやうにそびえるもの、石人のやうに立つものなど、名工ののみも遠く及ばない。
投	「この方向に九龍淵（えん）といふ深い池があります。」かう言ひながら、金さんは石筍群の後の闇をめがけて、さっと小石を投げた。程なく闇の奥から「どぶん」と、重い水音がひゞいて來た。 怪奇な窟内の光景は闇から闇につゞいて、何時つきるとも思はれない。一行は言葉もなく金さんの後につゞいた。 やがて眼下に現れたのは、「この地中に。」と思はれる廣い池である。金さんが
熊	「此所がもと小舟で渡った龍淵池で、あそこにある　　熊の骨は、千年は大丈夫たってゐるさうです。」

と説明してくれた。

龍淵池を過ぎると、急に天井が高くなる。優に三十メートルはあらう。此所を碧(へき)天洞とはよくも名づけたものだ。一隅に寒暖計がつるされてゐる。近づいて見ると十二度になってゐる。窟内の温度は四季を通じて、ほとんど變りないさうである。

「もうやがて一番奥です。」

金さんの言葉に力を得てしばらく行くと、窟内第一の稱ある金剛洞に出た。

見渡せば、東と南の洞壁には壯麗目をうばふばかりの石瀧がかゝり、その下には金剛塔・八音石と呼ぶ二大石筍が、巨人のやうにそびえてゐる。

世にも不思議なのはこの八音石で、その表面を杖でたゝくと、ピアノのやうな澄んだ音を出す。さうして、その音色が一つ一つ違ってゐるので、高く低く、強く弱く、さながら節面白い音樂を奏(そう)するやうである。

極 解(鮮) 滴	洞床の光景はさらに妙を極めてゐる。清水をたゝへた形の面白い數百の小池、その水低はもとより、あたり一面にちりばめられた方解石が、ランプの光をうけて、きらきらと目もまばゆいばかりに輝く。 池の水にのどをうるほして一休みした。 廣い窟内はしんと靜まりかへって、とぎれとぎれに聞える水滴の外、物音一つしない。目をつぶれば、闇から闇へとたどって來たさまざまの光景が、夢のやうに浮かんで來る。 一體鐘乳洞は、岩のすき間をくゞる地下水の侵蝕(しんしょく)作用で出來るのださうであるが、それにしても延長二千數百メートル、總面積七萬平方メートル近いこの蝀龍窟が出來るのには、何百萬年かゝったことであらう。 「ぼつぼつ歸りませうか。」 とうながされて我にかへった私は、急に光の世界へ歸りたくなって立上った。かたはらの金剛塔が窟の王者のやうに、十メートル餘の白い姿を輝かしてゐる。 やがて一行はもと來た道を引返して、再び輝く太陽の光の中に出た。

【第八】陶【とう】工柿右衞門【かきゑもん】

浴

窯場(かまば)から出て來た喜三右衞門(きさゑもん)は、緣先に腰を下して、つかれた體を休めた。日はもう西にかたむいてゐる。ふと見上げると、庭の柿の木には、すゞなりになった實が夕日を浴びて、珊瑚珠(さんごじゅ)のやうに輝いてゐる。喜三右衞門は餘りの美しさに、うっとりと見とれてゐたが、やがて

「あゝ、きれいだ。あの色をどうかして出したいものだ。」

とつぶやきながら、又窯場の方へとって返した。日頃から自然の色にあこがれてゐた彼は、目の覺めるやうな柿の色の美しさに打たれて、もう立っても居ても居られなくなったのである。

喜三右衞門は、その日から赤色の燒付に熱中した。しかしいくら工夫をこらしても、目ざす柿の色の美しさは出て來ない。毎日燒いてはくだき、燒いてはくだきして、歎息する彼の樣子は、實に見る目もいたましい程であった。

困難はそればかりで無かった。研究の爲には、少からぬ費用もかゝる。工夫にばかり心をうばはれては、とかく家業もおろそかになる。一年と過ぎ二年とたつ中に、その日の暮しにも困るやうになった。

弟子

弟子達もこの主人を見限って、一人逃げ二人逃げ、今は手助する人さへも無くなった。喜三右衞門はそれでも研究を止めようとしない。人はこの有樣を見て、たはけとあざけり、氣ちがひと罵ったが、少しもとんぢゃくしない。彼の頭の中にあるものは、たゞ夕日を浴びた柿の色であった。

罵

かうして五六年はたった。或日の夕方、喜三右衞門はあわたゞしく窯場から走り出た。

　「薪は無いか、窯は無いか。」

彼は氣がくるったやうにそこらをかけ廻った。さうして手當り次第に、何でもひっつかんで行っては窯の中へ投込んだ。

喜三右衞門は、血走った目を見張って、しばらく火の色を見つめてゐたが、やがて「よし。」と叫んで火を止めた。

離

その夜喜三右衛門は窯の前を離れないで、もどかし
さうに夜の明けるのを待ってゐた。一番雞の聲を聞
いてからは、もうじっとしては居られない。胸をを
どらせながら窯のまはりをぐるぐる廻った。

いよいよ夜が明けた。彼はふるへる足をふみしめ
て窯をあけにかゝった。朝日のさわやかな光が、
木立をもれて窯場にさしこんだ。喜三右衛門は、
一つ又一つと窯から皿を出してゐたが、不意に
「これだ。」と大聲をあげた。

皿

　「出來た出來た。」

皿をさゝげた喜三右衛門は、こをどりして喜んだ。
かうして柿の色を出す事に成功した喜三右衛門は、
程なく名を柿右衛門と改めた。

柿右衛門は今から三百年ばかり前、肥前の有田に居た
陶工である。彼はこの後もなほ研究に研究を重ね、工
夫に工夫を積んで、世に柿右衛門風といはれる精巧な
陶器を製作するに至った。柿右衛門はひとり我が國内
において古今の名工とたゝへられてゐるばかりでな
く、その名は遠く西洋諸國にまで聞えてゐる。

【第九】パナマ運河

北アメリカが南アメリカに續く部分は、パナマ地峽(きょう)といって、地形が極めて細長くなってゐる。この地峽に造った運河が、世界に名高いパナマ運河である。

パナマ地峽は一帶に小山が起伏してゐる上に、地層にはかたい岩石が多い。その外にもいろいろの理由があるので、この地峽を切通し、平かな掘割を造って、太平・大西兩洋の水を通はせることは到底出來ぬ事であった。そこでこの運河は、非常に變った仕組に出來てゐるのである。

伏層

割到

　まづ地峽の山地を流れてゐる河の水をせき止めて、湖を二つ造った。高い土地の上に水をたゝへたのであるから、湖の水面は海面よりずっと高い。この湖へ両方の海から掘割を通じてゐる。所で、この高い湖と低い掘割を何の仕掛もなしに連結すれば、湖の水は瀧（たき）のやうに掘割へ落込んで、とても船を通すことは出來ないから、掘割の所所に水門を設けて、たくみに船を上下するやうにしてある。

　今、太平洋の方からこの運河を通るとする。船はまづ海から廣い掘割にはいる。しばらく進むと水門があって、行くてをさへぎってゐる。近づくと、門の戸びらは左右に開いて、船が中にはいり、戸びらはしまる。上手にも水門があるので、船は大きな箱の中に浮いてゐる形である。底の水道から水がわき出て、船は次第に高く浮上る。と、上手の水門が開いて、船は次の箱の中へはいる。前と同じ方法で、船はもう一段高く浮上り、次の水門を越して、小さい人造湖に出る。この湖を横ぎると又水門があって、船はさらに一段高くなる。かうして前後三段に上った船は、海面より約二十六メートルも高い水面に浮かぶのである。

湖

湖

それから船はクレブラの掘割を通る。これは高い山地を切通したもので、此所を切通すのは非常な難工事であったといふ事である。掘割を通過して船は又湖に出る。ガツン湖といって、廣さが霞(かすみ)が浦(うら)の二倍以上もある大きな人造湖で、湖上に點々と散在してゐる島々は、もと此所にそびえてゐた山々である。この湖を渡って又水門を通過する。

今度は前と反對に順次に三段を下って、海と同じ水面に浮かぶ。此所から又掘割を走って、終に洋洋たる大西洋に出るのである。運河は全長八十キロ餘り、およそ十時間前後でこれを航することが出來る。

パナマ地峡に運河を造る事は、數百年來ヨーロッパ人のしばしば計畫したところで、實地に大仕掛の工事を行った事もあったが、成功を見るに至らなかった。最後にアメリカ合衆國は、國家事業としてこの工事に着手し、十年の歳月と八億圓の費用とを費して、我が大正三年、つひにこれを造り上げたのである。

米國がこの運河を造るに成功したのは、主として、最新の學理を應用したからであった。衞生の設備をよくして危險な病氣を根絶し、幾萬の從業者の健康をはかった事や、ほとんどあらゆる文明の利器を運用して、山をくづし、地をうがち、河水をせき止めた事など、一としてそれならぬものは無い。

昔、太平・大西兩洋の間を往來する船は、はるか南アメリカの南端を大廻りしなければならなかった。しかしパナマ運河の開通以來は、この不便が無くなり、したがって世界の航路に大きな變動を生じたのである。

費

衞
設
康

[第十] 父の心

今から二十餘年前、もう戰跡見學の客も絶えた十一月末のことである。

今しも旅順驛に着いた列車から下りた一人の老人、人影もまばらなホームをうろうろしてゐる。紺(こん)の脚絆(きゃはん)に草鞋(わらぢ)がけ、肩には古ぼけた信玄(げん)袋をかけてゐて、いかにも仔(し)細ありげである。近づいて聞いてみると、四國からわざわざ東雞冠山の見物に來たといふのである。「道は遠いし、この年で一人では。」と氣の毒に思って、私はとうとう案内して上げることにした。

「お爺(ぢい)さん、この信玄袋は驛に預けて行っては。」

「いやいや、その中には大事な物がはいってをります。やっぱり持って行くことにしませう。」

二人をのせた馬車は、御者の打振るむちに静かに動き出した。

空はあやしく曇って來て、風はいよいよ吹きつのる。吹きざらしの馬車の上は、見を切るやうに寒い。

白玉山の麓を大きく廻った馬車は、間もなく舊市街を過ぎ、幾度か電光形の坂道を曲り曲って、やがて目ざす東雞冠山北堡壘(ほうろい)に着いた。

此所は日露の戰に、露軍が全力を注いで築いた要害無比の堡壘で、山の頂上をとりまく岩よりもかたい坑(こう)道は、我が軍の砲撃のため見るも無慘(ざん)に打碎かれて、當時の激(げき)戰を物語ってゐる。

お爺さんは感慨(がい)にたへないやうな面持で、灰色の空におほはれた冬枯の戰場を、いつまでもいつまでも眺めてゐる。

やがてお爺さんは信玄袋を肩から下し、どっかと岩の上にあぐらをかいた。どうするのかと目を見張って見てゐると、袋の中から茶椀と大きな德利を取出し、やをら德利の口を開けて、何やらどくどく茶椀についだ。それからその前に兩手をついて、

「藤太郎(とうたろう)、やっと十年目にやって來たぞ。この茶椀に見覺えがあるだらう。お前が出征(せい)するまで、毎日御飯を食べてゐた茶椀だよ。これもお前がよく汲んでくれたうちの井戸水だ。さあ、たくさん飲んでくれ。」

注
比

碎

椀

お爺さんの聲は涙でとぎれ勝である。あっけにとられて見てゐる私にとんぢゃくなく、お爺さんは袋の中から、赤いうまさうな柿を十五六程取出して、茶椀の前に供へた。

　「さあ、食べてくれ。お前が學校から歸って來ると、いつもちぎって食べた柿だ。今年もうんとなったよ。これもお前に食べさせたいと思って、わざわざ持って來たのだ。さあさあ、食べてくれ、たくさん食べてくれ。なあ藤太郎。」

まるで目の前の者に言ふやうにかきくどく。私はたまらなくなって聲をかけた。

　「お爺さん、藤太郎さんといふ方は、この東雞冠山で戰死なさったんですね。」

お爺さんはびっくりして振向いた。

　「お察しの通りせがれの藤太郎は、忘れもせぬ明治三十七年の今月今日、この東雞冠山の北堡壘で名譽の戰死をとげました。あれは小さい時から不仕合せな子でして、生まれ落ちると間もなく母親に死別れ、それからは、この男手一つで育った

聲(誉)

慢 査 首尾 甲	のです。自慢ではないが、學校もよく出來、村の ほめ者でした。それが二十一になって徴（ちょう） 兵檢査を受けると、首尾よく甲種合格となって、 男子の面目をほどこしました。村の人々に送られ て入營すると、間もなくロシヤとの戰が始って、 せがれは出征することになりました。私は港まで 見送りに出て、「うちのことは心配するな。りっ ぱにお國の爲に死んで來い。夢にも生きて歸らう などと思ってはならぬぞ。」と、よくよく言聞か せました。 それから大急ぎで村に歸るなり、私は氏（うぢ）神 樣にかけつけて、『どうぞせがれが生きて歸りま すやうに。』と、一生けんめいに祈りました。 その後一二度、『元氣で奉公してゐる。』といふし らせがあったが、この北堡壘一番の激戰で、とう とう敵彈にたふれてしまひました。」

こゝまで話して來ると、お爺さんはこらへてゐた涙
をぽろぽろ流した。

しばらくして、お爺さんは言葉をつゞけた。

是

「それから、一度は是非せがれが戰死した東雞冠山に行かうと思ひ立ちました。さうして、好きな酒も煙草もやめて、毎日二錢・三錢とためたお金がつもりつもって、やっと十年目に旅順までの往復の旅費が出來ました。そこで、せめてせがれの命日に間に合ふやうにと、夜の目もねないで、今日此所まで來ることが出來ましたが――。」

と言ひも終らず、お爺さんはからになった信玄袋にしがみついて、おいおい聲をあげて泣出した。

いつか日は暮れかゝって、風はいよいよ吹きつのり、遠く近く、大波のやうにつらなる山々は、はや夕闇につゝまれてゐる。私はお爺さんをうながして、麓へ馬車を急がせた。

【第十一】たしかな保證

廣告	外國の或商會で、新聞紙に店員入用の廣告を出した。申し込んで來た者は五十人ばかりもあって、中には知名の人の紹介(しょうかい)狀を持って來た者や、りっぱな學歷のある者もあったのに、主人はそれらの人人をさしおいて、或一人の青年をやとひ入れた。
青	
	後日、人が主人に向って、どういふお見込で、あの青年をお用ひになったのかと尋ねた。
	主人は答へて、
	「あの青年が私の室にはいる前、まづ着物のほこりを拂ひ、はいると静かに戶をしめました。きれい好で、つゝしみ深いことは、それでよく分りました。談話の最中に一人の老人がはいって來ましたが、それを見るとすぐに立って、椅子(いす)をゆづりました。人に親切なことはこれでも知れると思ひました。あいさつをしてもていねいで、少しも生意氣な風がなく、何を聞いても、一々明白に答へて、しかもよけいな事は言ひません。はきはきしてゐて、禮儀をわきまへてゐることも、それですっかり分りました。
生	

床	私はわざと一さつの**書物**を床の上に投げて置きました。**外の者**は少しも**氣**がつかないらしかったが、あの**青年**ははいるとすぐに**書物を取上げて、テーブルの上に置きました。それで**注意深い男**だといふことを**知り**ました。
粗末	**着物**は**粗末**ながら、さっぱりしたものを着て、**歯**もよくみがいてゐました。又字を書く時に指先を見ると、**爪**は短く切ってゐました。**外の者**は着物だけは美しかったが、**爪の先**は**眞黒**になってゐる者が多うございました。
	かういふ**點**から、いろいろの**美質**をもってゐる事をよく**見定**めて、あの**青年**をやとふことにしたのです。りっぱな人の**紹介狀**よりも、何よりも、本人の行がたしかな**保證**です。」

といった。

[第十二] 川中島一騎（き）打

時は戰國の世、英雄（ゆう）が四方にきそひ立って、互に兵を交へてゐた頃の事である。越後（ゑちご）の上杉謙信（うへすぎけんしん）と甲斐（かひ）の武田信玄（たけだしんげん）は、度々信濃（しなの）の川中島で戰った。永祿（ろく）四年の秋九月、謙信は軍を西條山に進め、信玄は茶臼（うす）山に陣（じん）をしいて、互に對峙（じ）した。信玄は明日はいよいよ一氣に勝敗を決しようと、作戰をさをさ怠りなかった。謙信はいち早くこれをさとり、機先を制して、その前夜ひそかに山を下って、川中島に打って出た。

朝霧がほのぼのとはれて行く夜明け方、信玄はそれとも知らず千曲（ちくま）川のあたりに陣をとり、その先鋒（ぼう）を西條山に向はせた。

やがてあかつきの靜けさを破って、待設けてゐた越後勢から、どっとばかりにときの聲が上った。不意をおそはれて一時は驚いたが、流石（さすが）は信玄、たゞちに陣形を整へてこれに備へた。

越

はや合戦は始った。何れおとらぬ甲越の勇士、名を惜しみ恥を思って、入亂れ立ちまじり、こゝを先途と戦ふ。その中に、謙信は顔を白布で包み、馬に一むちあてて、信玄の本陣目がけて斬（きり）込んだ。

机
揮

この時信玄は床机に腰かけて、味方を指揮してゐた。それと見るや、謙信は「やあ信玄、そこ動くな。」と、言ふより早く大太刀（たち）を振りかざして、眞向から斬りつけた。信玄は刀を抜くひまがない。軍配團扇（うちは）で防いだが、柄が折れて肩先に斬付けられた。あはれ信玄の命は風前のともしびである。

この時、家來の原大隅、こは主君の一大事と、槍（やり）をしごいて謙信を突いた。があたらない。あせって大隅、力一ぱいに謙信の馬をなぐりつけた。なぐられた馬は棒立。謙信の太刀は遠のく。そのすきに

虎
逃

蛇

信玄は虎口を逃れて、危い命を助かった。謙信は歯ぎしりして残念がった。「遺恨（こん）十年一劍を磨（みが）く、流星光底長蛇を逸（いっ）す。」とは、この謙信の無念をうたった詩である。

[第十三] 夜學會

繩(縄)	「此所です、會場は。」 私は案内の石山さんについて、繩の玉がうづ高く積まれてゐる、うす暗い緣側に上った。
板	會場とは名ばかりで、およそ一間半の温突(おんどる)。正面につるされた不似合に大きな黑板が目につく。机もなければ腰掛もない。二十餘りの若々しい顔が、ランプの下に行儀よく並んでゐる。見渡したところ多くは二十歳前後で、四十位の者も二三人まじってゐる。
言	やがて先生が「我等の言語も道德も ──。」と、板上の文章を讀始めた。會員は低い聲であとをつける。二回程くり返してから解釋(しゃく)にうつった。 二三の言葉の意味を調べてから、先生は文章の中の印度といふ文字を指さしながら問はれた。 　「この印度は何洲にありますか。」 　「アジヤ洲にあります。」
兄弟	「このアジヤ洲に私達の忘れてならぬ、我が國と兄弟のやうな國がありますね。知ってゐますか。」 會員は互に顔を見合はせるばかりで、一人として手を上げる者がない。

しばらくして一人が

「先生、滿洲國でありませんか。」

「さう、よく思ひつきました。この滿洲國について、何か知ってゐる事がありますか。」

二三人の者が元氣よく手を上げた。

「金永根さん。」

「滿洲國から肥料の豆粕(かす)が來ます。」

「さうさう、あの豆粕は滿洲の特産物です。以前は肥料といへば、金肥ばかり使ったものですが、この頃では、自分の手でどんどん堆肥を造るやうになりました。この堆肥の製造をはじめ、色服の着用も草鞋(わらぢ)の使用も、みんな自力更生のあらはれで、このやうに着々更生の實をあげて行くことは、部落の振興上、何より喜ばしいことです。それでは、もう一度讀んで終にしませう。」

二十餘りの手が一齊に上った。

「あゝ、みんな手が上りましたね。李學柱さん。」

名ざされた李さんは、ちょっと居ずまひを直してから讀み出した。力のこもった聲、はっきりした口調。一同は耳をすまして聞いてゐる。

やがて授業が終った。暇を告げて歸らうとすると、振興會長の李さんをはじめ部落の人達が數人、手に手に提燈(ちゃうちん)を持って、幾度もことわるのに、とうとう村はづれまで見送ってくれた。

あたりは眞暗で、あかり一つ見えない。私達は無言のまゝ歩みを運んだ。

「かんかん、かんかん。」

突然遠くで、さえざえと鐘が鳴り出した。

「今、夜學會の作業が始ったのです。あの鐘は一昨年の秋、税金完納の御褒(ほう)美に面からいたゞきました。それから部落の者は、あの鐘の音に心をはげましながら、協同一致、部落の振興にいそしんでゐます。今は婦人も屋外に出て働くやうになりました。この春は婦人會の共同棉作圃(ほ)を設ける豫定です。」

農村振興の目覺しさを語る石山さんの言葉は、次第に熱して來る。

遠くの空で星が一つ、かの公平洞の將來を暗示するやうに、靜かにまたゝいてゐる。

[第十四] 濟生の苦心

吹きつのる北風に日はとっぷり暮れて、人通りもまれな裏町を、疲れた足を引きずりながら歩いてゐる一人の若者がある。

折から通りかゝった一人の老人、杖をとめてじろじろ見つめてゐたが、やがて近寄って、

「どうかしましたか。」

と、言葉やさしく尋ねた。

しばらくして、若者は力のない聲で話し出した。

「私は京城からまゐった者です。聞けば內地では近頃種痘（とう）が行はれて、天然（てんねん）痘にかゝる者はほとんど無くなったさうですが、朝鮮ではまだ種痘の術が行はれないで、年々何萬といふ大勢の人が、この病氣で苦しんでゐます。私は何とかしてその種痘の術を學んで、天然痘になやむ者を救ひたいと思ひ立ち、以前から書物についていろいろ調べてゐるが、京城では實地の研究が出來ません。幸、こちらには內地人の先生が居られると聞いて、はるばる尋ねて來ました。先刻やうやう着くには着いたが、教を乞ふ當もなければ、たよって行く知人もないので困ってゐます。」

老人はじっと耳をかたむけてゐたが、やがて若者をいたはりながら、我が家へつれて歸った。

これは明治十二年の冬、釜山にあった事で、この若者こそ、現に「朝鮮のジェンナー」と稱されてゐる池錫永（ちしゃくえい）その人で、情ある老人は、當時釜山に住んでゐた浦瀬裕（うらせゆたか）といふ人である。

間もなく彼は老人の世話で、釜山濟生院に通って、松前院長の教をうけることとなった。院長は若者の強い濟生の志と熱心に感じて、親しく手をとって指導した。

彼は寝食を忘れて研究に勵んだ。その努力は報いられ、わづか二月餘りで、一通り種痘の術を習得することが出來た。そこで彼は、院長からいただいた痘苗と種痘針を行李の底深くをさめ、別れを惜しみながら歸郷の途についたのである。

輝く希望に鳥嶺（ちょうれい）の險も難なく越え、やがて、忠州の近在にある妻の實家にたどり着いた。

やつれた彼の旅姿に驚いた家人は、義弟に種痘をこゝろみたいといふ彼の希望を聞くや、驚は怒と變り、さてはその正氣をさへ疑ふに至った。

しかし、彼の熱心はつひに家人を動かした。間もなく彼は義弟の細い腕に、朝鮮最初の種痘針をさすことが出來たのである。

案じてゐた結果は上首尾で、七日の後には全部の善感を確めることが出來た。この意外な好成績に、彼は飛立つばかり喜んだ。

つゞいて彼は家人の骨折りで、一氣に數十人の者に種痘をほどこして、見事な成績ををさめた。重なる成功に自信を得た彼は、足どりも輕く京城に向った。

京城に着くと間もなく、松前院長の送ってくれた新しい醫學書と痘苗がとゞいた。親身も及ばぬ親切に、彼はうれし涙にくれた。さうして、この上はあくまで初一念を貫いて、その恩に報いようとかたく決心し、日夜研究に勵んだ。

惜しいことに、彼はまだ痘苗の造り方を知らなかった。それがため、せっかくの施術もとかくとぎれ勝であった。そこで彼は、どうかして痘苗の造り方を學びたいと念じた。

もゆる希望が天に通じて、翌年彼は内地に渡り、親しく專門大家の指導をうけることとなった。一言一

句
筆
易

すべて漢文の筆談によらねばならぬ苦心は、容易なものでなかった。しかし彼はよく困難に打勝ち、つひに希望を達して歸國したのである。

當時彼をなやましたのは、ふるい習慣にとらはれてゐる朝鮮の人々の迫害であった。彼は人をまどはす魔(ま)法使と罵られ、或時の如きはその家を燒かれて、やむなく一時身をかくしたことさへあった。

迫

苦行の十數年は夢の間に過ぎた。彼の努力は次第に報いられて、種痘の新醫術は四方にひろまり、その眞價は廣く世人にみとめられるに至った。

專
看
施

かくて彼は京城に牛痘保嬰堂(ほえいどう)を設け、「一文を取らず、專ら布施を行ふ。」といふ看板をかゝげて、多くの子供に種痘を施した。そこでいつか彼は、世の人々から牛痘先生と呼ばれるやうになった。

彼が義弟に朝鮮最初の種痘を施したのは、今から五十餘年前の事で、その止み難い濟世の一念はつひに達せられ、今や種痘の術はあまねく普及

及

して、天然痘に苦しむ者は次第にあとを絶たうとしてゐる。これは全く池錫永の苦心のたまもので、彼こそ我等の恩人である。

［第十五］水師營の會見

師

旅順開城約成りて、

敵の將軍ステッセル

乃木（のぎ）大將と會見の

所はいづこ水師營。

庭に一本なつめの木、

彈丸あともいちじるく、

くづれ殘れる民屋に、

いまぞ相見る二將軍。

乃木大將はおごそかに、
御めぐみ深き大君の
大みことのりつたふれば、
彼かしこみて謝しまつる。

昨日の敵は今日の友、
語る言葉もうちとけて、
我はたゝへつ、彼の防備。
彼はたゝへつ、我が武勇。

かたち正していひ出でぬ、
「此の方面の戰鬪(とう)に
二子をうしなひ給ひつる
閣(かっ)下の心如何にぞ。」と。

如何

「二人の我が子それぞれに、
死所を得たるを喜べり。
これぞ武門の面目。」と、
大將答力あり。

兩將晝食(げ)共にして、

なほもつきせぬ物語。

「我に愛する良馬あり。

今日の記念に獻(けん)ずべし。」

厚

「厚意謝するに餘りあり。

軍のおきてにしたがひて、

受

他日我が手に受領せば、

養

長くいたはり養はん。」

握

「さらば」と、握手ねんごろに、

別れて行くや右左。

砲(つゝ)音たえし砲臺に

ひらめき立てり、日の御旗。

[第十六] 盲啞【もうあ】學校參觀

最初に啞生一年の教室に案内された。

七八人の生徒が半圓形に並んで腰を掛けてゐる。

「お客様に御あいさつしませう。」

かう先生がおっしゃると、生徒達はすっくと立上って、お辭儀をした。

やがて、先生がゆっくり口を開いて聞かれた。

「今朝の外の眺はどんなですか。」

生徒達は静かに手を上げた。

「松木さん、言ってごらんなさい。」

「ゆ き が た く さ ん つ も っ て、
た い そ う き れ い で す。」

その聲は、女か男かわからない程濁ってゐた。とぎれたり長くなったりして、聞取りにくいところもあった。しかし一言も口のきけない子が、これまで答へられるやうになったのには感心した。

「あなた方は何年生ですか。」

生徒達は互に顔を見合はせながら手を上げた。

「朴さん。」

「は い。 わ た く し た ち は、 い ち
ね ん せ い で す。」

外の生徒達は、朴さんの口元を穴のあく程見つめて
ゐる。聞くのではない、見るのだ。

私はさき程校長先生が、「耳の少しも聞えない子供
が、人の言ふことを聞分けるのは、不思議に思はれ
るか知れませんが、それは口の形で分るのです。」
と、教へて下さったのを思ひ出した。

静かな校内の一隅から、鐘の音がひゞいて來た。し
かし生徒達には聞えない。先生が「これで終にしませ
う。」とおっしゃったので、はじめて席を立った。

雪が一面につもった運動場で、生徒達が元氣よく遊
んでゐる。ボールを投げるもの、鬼(おに)ごっこをす
るもの、また雪合戰をしてゐる者もある。誰も手眞
似をしないので、普通の生徒と變りない。

二時間目には盲生二年の讀み方を見た。

一人の生徒が、心持頭をかたむけながらすらすら讀んでゐる。

似

部

ふと氣がついて讀本をのぞいた。其所には一つの文字も印刷されてゐない。白紙の上に規則正しく打出された點の列、たゞそれだけである。この星のやうな點字を兩手の人さし指で、一行々々さすりながら讀んで行く不思議な指先の力には、たゞ驚くばかりである。

次の時間には、生徒の實習室に案内された。

或部屋では、五六人の啞生がせっせと洋服の仕立をしてゐた。また或部屋では、盲生が代り合って按摩(あんま)の稽(けい)古をしてゐた。

聞けば、かうしてそれぞれ手仕事を覺えるので、卒業後はりっぱに世渡りして行けるさうである。

折からの風に、櫻の枝の雪がさらさらと散る。まるで花吹雪(ふゞき)のやうだ。「この美しい眺も盲生達には見えないのだ──。」と思ふと、しみじみ我が身の幸福が有難く思はれた。

[第十七] 臺北だより

音

その後は長らく御無音に打過ぎました。

皆様お變りありませんか。私は元氣で暮してゐ

ますから御安心下さい。

この頃は寒さの盛りで、さぞしのぎ難いこと

でせう。當地はちょうど御地の四五月頃の陽

氣で、寒いと思ふことはありません。たゞ雨

が多いので、からりと晴れた朝鮮の空が思ひ

出されます。

當臺北市は臺北平野を流れる淡水(たんすい)

河に沿うてゐて、城內・萬華(まんか)・大稻

埕(だいとうてい)と、それぞれ趣を異にした

三區に分れてゐます。

趣

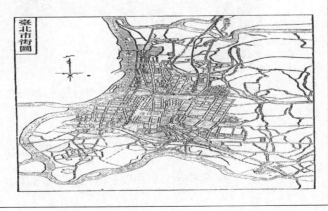

臺北市街圖

建築

城内は臺北市の中心で、新に內地人の手で開かれた所です。中央に高くそびえてゐる五層の大建築物は、臺灣總督府で、その東にひろがる臺北公園には、榕(よう)樹や椰(や)子などの熱帶植物がこんもりと茂り、四季ともに散策(さく)の人がたえません。目拔の大通には三層の洋館が立並び、その軒下は人道で、亭仔脚(ていしきゃく)といってゐます。この亭仔脚といひ、びろうの街路樹といひ、朝鮮や內地では、到底見られぬ異樣な風致であります。

城内はもと四方に城壁をめぐらしてゐたさうですが、今は城門を殘すばかりで、そのあとは見事な三線道路と變り、せんだんや想思樹などの並木が、年中凉しいかげをつくってゐます。

榮	萬華は臺北最古の町で、かつては商業地として榮えたが、今はその繁榮を大稻埕にうばはれ、龍山寺がわづかに昔の面影をとゞめてゐるに過ぎません。
	大稻埕は臺灣全島の中心市場で、米や茶の集散がすこぶる盛です。名高い烏龍(ううろん)茶は此所で製造され、製茶の季節に行って見ると、街
芳香	路にまで芳香がたゞよってゐます。
	市の北端に劍潭(けんたん)山といふ山がそびえてゐます。その鬱蒼(うっそう)たる綠の中に、北白川宮(きたしらかはのみや)能久親王(よしひさしんのう)様の英靈(れい)をおまつりしてゐる臺灣
境內	神社があります。境內は高燥(そう)廣闊(かつ)、遠く臺北平野を一眸(ぼう)の中にをさめ、眺望絶
佳	佳の神域で、參拜の人が絶えません。
	三月の終には、南部地方へ旅行することになってゐます。その時はまたいろいろおしらせしませう。どうぞ御兩親様によろしく。おついでに安君や高君にもよろしく。

[第十八] 鰊網

鰊

「よいさよいさ、よいさよいさ。」

ひゅうひゅう鳴る風の音にまじって、勇ましい掛聲が聞えて來る。私は防寒帽をかぶって、甲板(かんぱん)にかけ上った。

荒
狂

束

一艘の漁船が、荒狂ふ眼前の大波に、木の葉のやうにもまれてゐる。その船端にづらりと並んだ十數人の漁夫。いづれも威勢のいい姿で、飛びかゝるしぶきを物ともせず、一生けんめいに網をたぐり上げてゐる。網をたぐるにつれて、船は竹の束をコの字形に組んだ枠(わく)の入口から、橫向きのまゝ、次第に奧の方へはいって行く。

渦

魚

掛聲はだんだん急調子になる。網をたぐるあざやか
な手先、勇ましい掛聲。水面をはなれた網はたゞち
にこほって、氷の玉がぱらぱらと散る。

急に掛聲がとまったかと思ふと、水の色がさっと
變った。たちまち水面に渦をまき、しぶきを上げて
躍り狂ふ鰊の群。

と、待ちうけてゐた運搬(ばん)船から、魚群めが
けて長い柄のたも網が亂れ飛ぶ。吹きすさぶ寒風
にまじって、わめく聲、のゝしる聲。船の上はま
たゝく間に戰場と化し、運搬船には見る見る鰊の
山が築かれて行く。

やがて、運搬船は大りょう旗を寒風になびかせなが
ら、エンジンの音も勇ましく、白波けって取引の港
をさして急ぐ。

今まで零下十幾度の寒風を物ともせず、忙しく作業
をつゞけてゐた漁夫達は、次第に遠ざかり行く大
りょう旗をじっと見送ってゐる。

【第十九】朝鮮ノ林業

伐 任 荒廢(廃) 固	朝鮮ハ山地多クシテ、ソノ面積ハ平地ノ四倍ニ近ク、シタガッテ山林スコブル廣シ。 シカルニ、從來ハ一部ノ保護林ヲノゾク外、全ク自由伐採ニ任セテカヘリミザリシカバ、ソノ大部分ハ荒廢甚ダシク、今日、固有ノ林相ヲ殘スハ、交通ノ不便ナル鴨緑江・豆滿(トマン)江ノ上流一帶ノ地ト、狼林(ロウリン)山・金剛山及ビ智異(チイ)山等ノ諸地方ニ過ギズ。
密	コレ等ノ地方ノ中、特ニ有名ナルハ國境ノ山地ナリ。千古斧鉞(フエツ)ヲ入レザル密林、百數十きろニワタリ、材質マタ優良ナルヲ以テ、朝鮮ニ於ケル木材ノ寶庫ト稱セラル。
伐 筏	國境地方ニ産スル木材ノ主ナルモノハ、カラマツ・ベニマツサアスン等ニシテ、年々約二百萬立方めーとるヲ伐出シ、筏ニ組ミテ、下流ノ新義州及ビ會寧(カイネイ)ニ運ビ、

原木ノマ丶或ハ製材シテ賣出ス。製材ハ專ラ新義州營林署ニ於テ行ヒ、ソノ製品ハヒロク鮮内各地ニ供給セラル。近時、滿洲國ヘノ輸出トミニ増加セリ。

山林ノ荒廢ヲ救ヒテ之ガ復舊ヲハカルハ、半島開發ノ根本問題タリ。サレバ總督府ハ、施政ノハジメニ植樹記念日ヲ定メテ、植樹・愛林ノ思想涵（カン）養ニ努ム。マタ各種ノ獎勵・保護ノ機關ヲ設ケテ、造林ノ計畫ヲ進メ、砂防工事ヲホドコシ、大イニ半島ノ綠化ニ努メツヽアリ。

カクテソノ經營ハ着々成功シ、今ヤ半島ノ山々ハ、ヤウヤクソノ面目ヲ改メントスルニ至レリ。

【第二十】大邱[きう]の藥令市

藥
房
軒

舊正月も間近に迫った二月の初、黄さんの案内で、大邱の藥令市を見に行った。

中央通を右に曲って南城(なんじょう)町にはいると、ぷんと藥のにほひが鼻をつく。いよいよ市場に近づいたのだ。廣い通の兩側には「二山藥房」とか、「鹿茸唐(ろくじょうとう)材房」とか書いた大きな看板をあげた藥店が、何十軒となく軒を並べてゐる。その店頭は草根木皮のおびたゞしい山だ。この幾百種とも知れない木の皮、草の根の山を圍んで立並ぶ人の群。客の應對に忙しく立廻る店員。まことに珍しい光景である。

やがて私は黄さんにうながされて、とある店の中に
はいった。此所もまた藥材の山だ。

私は店主の金さんにいろいろ尋ねた。

「ずい分たくさんの藥材ですね。全部で幾種位ある
　でせう。」

「約四百種あります。」

「みんな朝鮮で出來るのですか。」

「支那や、まれには印度から來るものもあります
　が、大部分は朝鮮産です。」

「平生も、こんなにたくさん店が出てゐるのです
　か。」

「いゝえ、この藥令市を目がけて、全鮮から集って
　來るのが多いのです。」

「客はどういふ人達ですか。」

「お客さんも大てい藥種商です。」

「一年分の商品を此所で仕入れて行くのですね。」

「さうです。」

「この頃、景氣はどうですか。」

均

「どうも思はしくありません。以前は一日平均千
　圓は下らなかったのですが、この頃は七八百圓
　が精々です。」

「賣行の少いのは何故でせう。」

「近年新醫術が普及して、漢藥を用ひる者が少く
　なったからでせう。」

値
栽培

「でも、最近はまた漢藥の價値が次第に認められ
　て、藥草の栽培も盛になって來たから、藥令市が
　昔のやうに榮えるのも遠くはないでせう。」

模
秋
陰暦

大邱の藥令市は歷史の古いのと、規模の大きいのと
で、全鮮第一の稱がある。昔は春秋の二期に開かれ
たさうであるが、今は毎年一回、陰暦の十一月半か
ら十二月の末頃まで開かれる。この期間中に、藥令

郷

市目當に全鮮から集る藥種商は約三百、近郷近在か
ら藥材を買ひに出る者の數は、毎年數千に達し、好
景氣時代の大正九年頃には、百萬圓近くの取引が
あったさうである。又この藥令市にともなふ人出
で、市內の雜貨・織物等の賣上も少くなく、藥令市

盛衰

の盛衰はこの地方の經濟界にとって、重大な關係が
あるといふことである。

［第二十一］ 心の洗濯

濯

或所に至って貧乏な大根賣があった。

或日のこと、いつものやうに一荷(か)の大根をにな
ひ、朝早くから賣歩いたが、どうしたことか、その
日に限って一把(は)の大根も賣れない。はや日はかた
むきかけたが、財布の中にはまだ一錢のお金もたま
らない。

「これは困った。この大根が夕方までに賣れない
と、たちまち明日の日に困るが。」

とつぶやきながら、ある家の門前にさしかゝると、
門の内から「大根屋、大根屋。」と呼ぶ聲がする。「や

嬉

れ嬉しや。」と門をはいって、庭先に荷を下した。
見れば緣先の障子を開放し、年の頃六十位の老人
が、鏡に向ってひげをそってゐる。

「その大根はいくらだ。」

「二把で十五錢です。」

「それは高い。十錢にまけないか。」

「まけろ。」といはれて大根屋、じっと大根の荷を見
つめてゐたが、

「二把十錢では元が切れます。どうぞ十五錢で買っ
て下さい。朝早くから家を出て、まだ一把も賣れ
ません。どうでも賣って歸らねばならぬ大根、掛
值(ね)は一切申しません。」

老人はかぶりを振りながら、

「いやいや、まからなければまたにしよう。」

と言ひすてて、障子をはたとしめてしまった。大根
屋がいろいろ言ふが、老人は一向取合はない。

「はて困った。もう日の暮には間がない。何として
も一圓の金を持って歸らなければ、親子五人、明日
の命がつながれぬ。さて、どうしたらよからう。」

腕を組んで思案してゐると、ふと緣先の金だらひに
目がついた。障子はしめてある。あたりに見る人はな
い。大根屋は顔を赤らめながら、その金だらひを水の
はいったまゝ、大根二三把の下にそっとかくした。
急いで荷をかつがうとすると、

「これ、大根屋。」

と呼止められた。大根屋はそ知らぬ顔で、

「ま、ま、まかりません。」

「いやいや、値はねぎるまい。その大根を買はう。」
と言ひも終らず、さっと障子を開けた。
びっくりした大根屋、何とかその場を逃がれようと、
　「何把程いります。はした賣は出來ません。」
と、はや荷に手をかける。
　「その大根を皆買はう。この縁先に並べてくれ。」
絶體絶命。障子のしまってゐる間なら、金だらひの
出しやうもあらうが、今更出すに出されず、といっ
て賣らないとも言はれねば、逃げもかくれも出來
ぬ。進退きはまってうろうろしてゐると、老人は
　「お前はひどくうろたへてゐるな。まづ金だらひか
　　ら出して、大根の數を數へて見よ。」
大根屋は全身に冷汗を流し、ぶるぶるふるへなが
ら、かの金だらひをそっと出し、
　「旦那（だんな）様、どうぞお許し下さい。先刻も申
　　し上げました通り、今朝からまだ一錢のあきなひ
　　もいたしてゐません。このまゝ歸っては、親子五
　　人、たちまち明日の日に困ります。七つを頭に子
　　供が三人、どうぞ親子五人の命をお助け下さい。」

盗

と、土に兩手をついてわび言をする。老人は立腹の氣色もなく、

「いやいや、そのわび言には及ばぬ。まづ大根を數へて見よ。」

大根屋がこはごは大根を緣に積上げたところが、みんなで十八把ある。

「さあ、お前の言ふ通り十八把一圓三十五錢、ついでに金だらひもそへてやる。貧の盜みとはいひながら、お前の心は餘程曲ってゐると見える。これは顏や手足を洗ふ道具だけれども、心の洗ひやうもあるものだ。持って歸ってゆっくりと思案し、心のけがれを洗ひ落すがよからう。」

かう言終るや、老人は障子をしめて内へはいった。

大根屋はそれから本心にかへって、夜晝働き、三年目には相當な八百(やほ)屋になったといふことである。

【第二十二】 傳書鳩

鳩
紅
羽毛

務

偉

飼

寶玉をちりばめたやうなかはいゝ目、紅をさしたかと思はれるやさしいくちばし、美しい羽毛に包まれた圓い胸、鳩は見るからに愛らしいものである。この愛らしい小鳥が、他の方法では全く通信が出來なくなった場合でも、いろいろの困難をおかして、遠い所まで使者の役目を務めると聞いては、誰でも驚かない者はあるまい。

鳩を通信に使ったのは、餘程古い時代からの事で、殊に一時は非常に盛に行はれたが、無線電信などが發明せられて以來、自然輕んぜられるやうになった。ところが歐（おう）洲大戰で、やはりこのやさしい、しかも勇ましい通信者の働の偉大な事が證明せられたので、今では各國ともに、盛に傳書鳩の改良に力を用ひ、その飼養を奬勵してゐる。

鳩は餘程遠い所で放しても、正しく方向を判定して、矢のやうに自分の巣に飛歸る。それ故鳩の體に手紙をつけて放せば、容易に通信が出來るのである。

豫
乙

普通、傳書鳩を使用する方法は、一定の飼養所から他の土地に連れて行って、飛歸らせるのである。しかしこの外に、往復通信の方法もある。それは、豫め甲乙の二地をきめておいて、一方を飼養所、一方を食事所とし、飼養所から食事所へ通って食物を取るやうに馴(な)らして、その往來を利用するのである。鳩は一分間に約一キロメートルも飛ぶ力があるから、四五十キロメートルの所を往復して食事するぐらゐは何でもない。また暗い時の飛行に馴れさせて、夜間に使ふ事も出來るし、飼養所を移動し、其所を見覺えさせて飛歸らせるやうにする事も出來る。

鳩に手紙を運ばせるには、足にアルミニュームかセルロイドの細いくだをつけ、又は胸に袋をかけさせて、その中に入れるのである。

傳書鳩を利用する場合はなかなか多い。飛行機の不時着陸地點を知らせたり、漁業者が沖から獲物の多少や難破の有樣を通知したり、登山者が路に迷って

危險におちいった時、救を求めたり、いろいろに利用する事が出來る。又戰爭の時、戰線から戰況を報じたり、援兵を賴んだりするに使ふのもその一つである。殊に要塞(さい)が敵に圍まれて、無線電信機は破壊せられ、傳令使は途中で要擊せられ、全く方法のつきた場合等には、この勇ましい小傳令使にたよるより外はない。

あゝ、あのかはいゝ鳩が、一度任務を命ぜられると、勇ましく高空に輪をゑがきながら、しかと方向を見定め、矢のやうに目的地へ向って飛んで行くの

獲

況
援

破壊

輪

を見たならば、**何人**もそのかしこさと**勇**ましさに**感**

心しない**者**はあるまい。

[第二十三] 春

どこかで春が
生まれてる。
どこかで水が
ながれ出す。

どこかで雲雀が
鳴いてゐる。
どこかで芽の出る
音がする。

山の三月
東風(こち)吹いて、
どこかで春が
生まれてる。

[第二十四] 磐石【ばんせき】の勳【いさを】

殿	「隊長殿、何か御用ですか。」
	「本隊は北滿方面へ進出することになった。で、君
	はとゞまって此所を守ってくれ給へ。」
	命ぜられた相澤(あひざは)中尉(い)は、かたい決心に
	顔を輝かしながら答へた。
	「承知しました。死をもって守ります。」
	やがて小島大佐(さ)は騎(き)兵本隊をひきゐ、吉林さ
	して出發した。時は昭和七年、立ちそめた秋風に人
	も馬も勇む九月七日の晝過である。殘された相澤中
守	尉は一小隊の寡(か)兵をもって、いよいよ磐石守備の
	重任にあたることになったのである。
	これを聞いた避(ひ)難民は一方ならず失望した。一
	體、彼等が匪(ひ)賊の毒手をのがれて、こゝ磐石の居
	留(りう)民會に身を寄せたのは、まだ風も冷たい四月
	の初であった。それから、絶間ない匪賊襲(しう)來の
噂	噂に、安らかな夢さへ結ぶひまがなかったのに、今
	また命と頼む守備隊本隊に出動されて、その不安は
	いよいよよつのった。

團	果して八月十日の夜明け方、匪賊の大集團が東・西・北の三門からなだれを打って押寄せ、見る間に我が守備隊や居留民會を蟻のはひ出るすきもなく取圍んだ。
	夜明けと共に、敵の攻撃はいよいよ物すごく、砲彈の雨はしばらくも止まない。武勇に勇む我が軍人、うってうってうちまくり、一擧に敵を粉碎せん
擧(挙)粉碎	と、心はやたけにはやれども、如何せん、味方の彈藥には限りがある。しかも糧(りょう)道はすでに絶たれ、電線もまた切斷されて、我が軍は全く孤(こ)立に
斷(断)	おちいってゐる。この上は、一時も早く敵の重圍をくゞりぬけ、急を朝陽鎭(ちょうようちん)の友軍に
救	告げて、その救援を求めなければならぬ。しかし今の場合、たとへ一兵たりとも傳令にさくことは、守備隊にとってしのび難いところである。刻々迫る運命を前に、相澤中尉の心は千千に亂れた。
胞	小止みない賊軍の攻撃に、不安の數日は過ぎて、我が軍の手に托(たく)された同胞三千の運命は、さながら風前のともしびの如くである。

助	この時、一命をすてて傳令の重任にあたらうと申し出た者がある。勇士は自衞團にその人ありと知られた高元成・李成寬(かん)・朴京學の三名。何れも籠城以來決死の活動をつゞけて、軍の行動を援助してゐた人々である。 十三日の朝早く、三人は相澤中尉の前に招かれた。 　「高君。」 待ちうけてゐた中尉は、かたく高元成の手を握りしめた。 高元成はかたい決心に顔を輝かしながら、 　「中尉殿、われわれは坐して匪賊の兇刃(きょうじん)にたふれるより、進んで同胞三千のため、ちかって傳令の任務を全うします。」
激	この悲壯な覺悟に、中尉の兩眼は感謝と感激の涙で光った。 そぼ降る雨の中にその日も暮れた。 と見る、南山のいたゞきにきらめく三つのほ影。三
脱 喜	人が味方に、首尾よく敵の重圍を脱した事を告げる合圖である。どっとおこる歡喜の聲。中尉を始め一同は、心から前途の安全を祈るのであった。

こちらは闇を急ぐ三人。匪賊の危険をさけて、線路傳ひに行くと、たちまち行くてをさへぎる一團の人影。闇をすかせば、まぎれもない匪賊の群である。三人はす早く高粱（りょう）畑に身をかくした。

意地わるくも雨は本降りとなった。道はわるし、雨と汗で全身はびしょぬれになって、心は急げど、足は更にはかどらない。

草のそよぎ、立木の影にも心をくだき、綿のやうに疲れた心身を勵ましながら、嬉しや東の白む頃、目ざす朝陽鎮城外にたどり着いた。

しかるに意外、此所もまた匪賊と對戦中で、容易に城門に近づくことが

出來ない。

「あゝ、此所まで來ながら城內にはいれないとは。」

失望の餘り、三人の勇氣は一時にくじけた。

やがて三人は氣をとり直し、まづ地理に明るい李成寬が入込むことになった。

「首尾よくはいったら、すぐ迎へに來てくれ。」

「よし、承知した。」

間もなく彼の姿は高粱の中にかくれた。

それからおよそ三時間、待てどくらせど李成寬は歸って來ない。

「さては。」と思ふと、二人の心は重かった。しかし、今は一刻の猶(ゆう)豫も出來ない。後事を朴京學に言ひふくめた高元成は、身の危險をもかへりみず、まっしぐらに城門めがけてかけ出した。それと見るや、城內からは彈丸を雨霰のやうに打出して、一步も進むことが出來ない。この時ふと思ひついたのは、かねて用意の國旗である。高元成はす早くそれを取出し、頭上高く幾度も幾度も打振った。

さしも猛烈をきはめた射擊がはたと止んだ。高元成は首尾よく城門を通過し、數十分の後には、目ざす我が守備隊にたどり着くことが出來た。

待つ間もなく、高元成は守備隊長の面前に導かれた。彼はふところをさぐって一本の煙草を取出し、

「この中に書面が仕込んであります。」

と、うやうやしく差出した。

隊長は取る手おそしと讀始めた。見る見る變る顔の色。無言の數分間がつづく。

「すぐにも救援に行ってやりたいが。」

「えっ。」

隊長はかまはずつゞける。

「われわれも匪賊と對戰中で、今はそれも出來ぬ。しかし落膽(たん)することはない。直ちに鳩便で、磐石の急を奉天の軍司令部に報ずる手配をするから、救援の爆(ばく)撃機が磐石の上空に現れるのは、今晩か、おそくも明朝だらう。やがて吉林からの應援部隊も乘込んで、匪賊などは木っ葉みぢんだ。」

隊長の自信ある言葉に、高元成は「これで使命を果した。」と、ほっと一息ついた。

その時、思ひがけずも李成寬と朴京學の兩人がはいって來た。つと走り寄った高元成は二人の手を握りしめ、感極まって泣出した。

いち早く鳩便の用意が出來た。取出された二羽の鳩は、翼も輕く大空高く舞上り、やがて西の方鐵嶺(てつれい)さして矢のやうに飛去った。三人は次第に遠ざかり行く鳩の姿を、いつまでもいつまでも見送った。

明けて十五日の朝、突如、磐石の上空にひゞくプロペラの音。待ちに待った救援の我が飛行機である。たちまち天地をゆるがす爆撃のとゞろき、つゞいておこる機關銃(じう)のひゞき。

この不意の空襲に、敵は散々に打碎かれ、さしも暴威をたくましうした砲火も影をひそめた。

越えて十六日の眞夜中である。遠く吉林の西方に出動してゐた騎兵本隊も堂々入城し、つゞいて歩兵の救援部隊も到着するや、敵軍は戰はずして四分五裂。さしもの重圍も自づととけて、危ぶまれた同胞三千の生命は、つひに全きを得たのである。

あゝ、我が三勇士の決死の行爲。赫々(かくかく)たるその功績は皇軍の武威とともに、永く我が戰史を飾るであらう。

終

昭和九年十月一日翻刻印刷
昭和九年十月五日翻刻發行

普通國語卷十 次

定價金十六錢

著作權所有

著作兼發行者 朝鮮總督府

翻刻發行者 京城府元町三丁目一番地
朝鮮書籍印刷株式會社
代表者 井上主計

印刷者 京城府元町三丁目一番地
朝鮮書籍印刷株式會社

發行所 朝鮮書籍印刷株式會社

朝鮮總督府 編纂 第三期 (1930~1935)

普通學校國語讀本 卷十一

第6學年 1學期

普通
學校

國語讀本 卷十一

朝鮮總督府

普通學校國語讀本 巻十一
目錄

[第一課] 朝

朝、

希望と幸福に滿ちた朝、

實に樂しい世界の目覺めよ。

達いものも近いものも、

見渡す限り優美に微(び)妙に、

太陽の光を受けて靜かに目ざめる。

うらゝかな空、うらゝかな土地、

どこにも幸福の精がかくれてゐて

だんだんはっきり澄んで來る。

愛らしい朝、愛にみちた朝、

清らかで新しく

世界は惠に滿ちてるやう、

草木の上に、家々の上に、道路に

清らかな空氣と光は一ぱいだ。

【第二課】朝鮮の教育

我が朝鮮に於ける教育は、普通教育を始め實業教育・師範教育・專門教育及び大學教育の五種に分つことを得。しかして普通教育にありては、國語を常用する者と然らざるものとによりて學校の系統(けいとう)を別にするも、其の他は總べて內鮮共學なり。

周知の如く、國語を常用せざる者の普通教育を爲す學校は、普通學校・高等普通學校及び女子高等普通學校にして、國語を常用する者の普通教育は、小學校・中學校及び高等女學校に於て之を行ふ。然れども家庭の事情、修學の便宜等特別の事情ある場合には、交互入學の道開かる。現に國語を常用せざる者にして小學校・中學校等に、國語を常用する者にして普通學校・高等普通學校等に入學し、共に學び共に遊びて、融和の實をあげつゝある例枚擧に遑(いとま)あらず。

かく普通教育にありては、原則として國語を常用する者と然らざる者とによりて、學校の系統を異にするも、兩者の內容に至りてはほとんど何等の差異なく、其の目的もまた等しく忠良なる國民の養成にあり。

將來、初等教育に從事せんとする者に師範教育を施すは師範學校にして、實業教育は農業學校・商業學校等の實業學校に於て之を行ふ。又專門學校は高等の學術・技藝を修むる所、大學は學術の蘊奧(うんおう)を攻究する所たり。

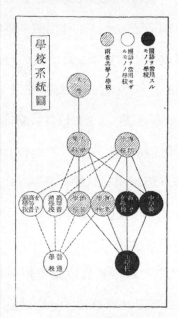

朝鮮に於て、新に學制のしかれたるは明治四十四年にして、邇(じ)來、文化の向上と時代の進運とにつれて、教育の制度よく整ひ、各種の學校備はり、今や人々其の望む所を修め、志すまゝに學び得るに至れり。殊に目覺しきは普通學校教育の普及にして、一面一校の制殆ど完成の域に達し、又簡易學校の新計畫も着々實現せられ、部落皆學の日近きにあらんとす。朝鮮教育の前途また多幸なりと言ふべし。

【第三課】端(ずい)竹の林

屏東(へいとう)にある臺灣製糖株式會社の庭に端竹の林がありますが、それには世にも有難く尊い由來があるのです。

大正十二年の四月、當時、東宮であらせられた天皇陛下が、臺灣を御巡遊あそばされた時、臺灣製糖株式會社にも御成りになりました。其の時の御休憩所は、麻竹(まちく)を柱にした茅葺(かやぶき)でありましたが、不思議なことには其の麻竹に茅が出て、御成りの時には、五六センチから十五六センチ位までも伸びてゐました。御休憩中、ふと此の茅を御覽遊ばされて、親しく御手をふれさせ給ひ、いろいろ御下問あらせられたさうであります。

此の竹は、竹の産地として名高い臺中州の竹山(ちくさん)から伐って來た麻竹で、一時は色つやも惡くなってゐましたが、柱にしてゐる中に次第に勢づいて、御成りの日の數日前から芽さへふき出して來ました。伐取ってから四十日にもなる竹が芽をふくと言ふ事は、これまでにない事なの

憩

で、會社では深くこの端祥(しょう)を喜び、今日の光榮を永く記念する爲に、其の竹を育て上げようと決心しました。竹山から竹にくはしい人を招いて、さまざまに手を加へさせましたが、もともと麻竹は竹の中でも弱い方なので、りっぱに育て上げるのは容易なことではありません。數日の後、其の人は

「これは、とても私共の手にはあひません。」

と言って、歸ってしまひました。

しかし會社では、「眞心をもってしたならば、出來ないことはあるまい。」といふ意氣込で、柱をおほうて日光をさけ、芽の所を筵(むしろ)で包み、其の中に土を盛り、朝晩かゝさず水をやりました。

芽は日に日に伸びて、一メートル餘りになりました。こをどりして喜んだ一同は、芽の出た節を切りはなして、御休憩所の柱の跡九箇所に植込みました。

一同の至誠は天に通じて、竹は日ごとに茂り、九株は一株も枯れたものなく、みな健かに成長し、どの

啓

株からもぞくぞく筍(たけのこ)が出て來ました。喜びの餘り會社では、行啓と此の端祥とを記念するために、御休憩所の跡に碑を建て、其の由來をほりつけました。それから端竹は茂りに茂って、今では碑をかくすまでになってゐます。

もれうけたまはる所によれば、御出發に先立って、御供の人々が「屏東は至って暑い所でございます。」と氣づかはしげに言上致しますと、「いかに暑くとも、人の働いてゐる所ならば。」と仰せられて、御成り遊ばされたのださうであります。熱帶に働いてゐる臺灣在住民は、いかばかり感奮興起したことでございませう。

啓

代 眞 慨 隆昌	昭和の大御代になって、遠く御巡遊の日を思ふと、眞に感慨の深いものがあります。上に「人の働いてゐる所ならば。」と仰せられた天皇陛下の大御心をいたゞき、下國民が「眞心の前には出來ない事はない。」との信念をもって進んだならば、國運の隆昌は期してまつことが出來ます。微(び)風にそよぐ端竹の葉ずれの音は、常に此の事を物語ってゐるのではありますまいか。

[第四課] 漢字ノ話

現今、世界ニ行ハレテヰル文字ニハイロイロノ種類ガアルガ、我ガ國ヲ始メ東洋諸國デ、最モ廣ク用ヒラレテヰルノハ漢字デアル。

漢字ハ總數約五萬ト稱セラレテヰルガ、普通ニ用ヒルモノハ凡ソ三千字位デアル。シカシ、此ノオビタダシイ漢字ノ中ニハ、形ヤ意味ノ上デ互ニ連絡ノアルモノガ多イノデ、其ノ學習ハ割合ニ容易デアル。

漢字ノ構造ニハ種々アル。日・月・山・水・魚・鳥・木ノヤウニ、物ノ形ニカタドッタモノモアリ、林・森・晴・曇ノヤウニ、イクツカノ文字ガ合シテ出來テヰルモノモアル。工ニ糸偏(ヘン)又ハ三水ヲ添ヘテ紅・江トシ、成ニ言偏又ハ皿ヲ添ヘテ誠・盛トスルガ如キハ、各特殊ノ意義ヲ示スケレドモ、其ノ音ハモトノ工及ビ成ニヨッテ現サレテヰルノデアル。

凡　添　殊

國字又ハ和字トイッテ、我ガ國デ工夫サレタ文字モアル。働・叭・畑・峠(タウゲ)・鴫(シギ)・凧(タコ)・榊(サカキ)・躾(シツケ)等ガソレデ、殊ニ祭祀(シ)ヲ重ンズル國風カラ榊ノ字ヲコシラヘ、禮儀ヲ貴ブ習慣カラ躾トイフ文字ガ出來タコトナドハ、自ラ我ガ國民ノ性情ヲ現シテヰテ面白イ。

漢字ニハ種々ノ讀ミ方ガアル。例ヘバ春・雲・朝ハシュン・ウン・チョウトモ、ハル・クモ・アサトモ讀ム。前者ノヤウナ漢字本來ノ讀ミ方ヲ字音或ハ音讀トイヒ、後者ノヤウニ國語ニ譯(ヤク)シタ讀ミ方ヲ字訓又ハ訓讀トイフ。

漢字ガ朝鮮カラ内地ニ傳ハッタノハ、應神天皇ノ御代ニ百濟(クダラ)ノ學者王仁(ワニ)ガ、論語及ビ千字文ヲ獻ジタノニ始マルト言ハレテヰル。初ノ中ハ、一部ノ人々ニ用ヒラレルニ過ギナカッタガ、後、次第ニ普及シ、漢字ノ點・畫・草體ナドカラ考ヘ出シタ片假名ヤ平假名トトモニ、大イニ我ガ國ノ文化ノ發達ヲ促(ウナガ)シタノデアル。

貴

例

獻(献)

假(仮)
平

[第五課] 新聞

擧	夕飯の後で、新聞をお讀みになってゐたお父(とう)さんが、 「昌植、お前達の學校の寫眞が出てゐるよ。」 とおっしゃった。見ると、今朝落成式を擧げたばかりの學校の寫眞である。 「お父さん、どうしてこんなに早く新聞にのったのでせう。」
件	「そこが新聞の生命だ。何か事件がおこると、新聞社では直に記者や寫眞部員をそこへ派遣(はけん)するのだ。」

整 選擇(択) 刷 誤 補 版 輪 切 組織	「さう言へば、今朝も誰か寫眞をとってゐましたよ。」 「さうか。それが此の寫眞だ。新聞社には整理部といふ所があって、各方面から來る記事を選擇整理し、適宜、寫眞を添へて印刷部に廻す。印刷部では活字を拾って組み、校正刷を刷って校正部に送る。校正部では誤字を正したり、脱字を補ったりして印刷部に返す。そこで印刷部では、組んだ活字を一面づつにまとめて紙型(けい)にとり、更にそれをもとにして鉛版を作る。この鉛版を輪轉機にかけて、いよいよ印刷を始めるのだ。」 「そんなに手數のかゝるものですか。」 「手數はかゝるが、その割合に時間はかゝらぬ。大てい原稿(こう)締(しめ)切から刷出しまで、せいぜい一時間位のものださうだ。それに最近の輪轉機は精巧なもので、長さ七千メートルもある巻取紙を取付けると、機械は自動的に運轉し、印刷から切斷・折りたゝみまで、一切人手を借らずに、しかも一時間幾萬枚といふ早さで出來るのだ。」 「お父さん、一體、新聞社の組織はどんなになってゐるのですか。」

「社によって多少の違はあるが、編輯(へんしう)局・
印刷局・營業局等に分れてゐるのが普通だ。編輯
局には整理部・校正部・寫眞部の外に政治部・經濟
部・社會部・通信部・學藝部・運動部等があり、印刷
局は印刷部と技術部とに分れ、營業局は廣告部と
販賣部とに分れてゐて、それぞれ仕事を分擔(た
ん)してゐる。」

「お父さん、此所に靖國(やすくに)神社大祭の記事
がありますが、今朝の東京の出來事が夕刊にのる
とは早いものですね。」

「記事の初に、『東京電話』とあるやうに、東京から
電話で知らせて來たからだ。」

「外國におこる事件はどうして分るのですか。」

「通信社から材料をうけたり、特派員を派して、直
接に通信をさせたりするのだ。」

「こんなに便利な新聞は昔からあったのですか。」

「あるにはあったが、其の報道は特殊の事件に限ら
れてゐて、新聞といふ程のものではなかった。し
かし文化が向上し、印刷術が進步するにつれて、

刊

世界中の出來事を其の日の中に報道し、又時事を論じて輿(よ)論を指導するやうになり、初めて我々の生活に切實な關係をもつものとなったのだ。」

「お父さん、新聞の出來る實際の樣子を見たいものですね。」

「先生にお願ひしてごらん。姉(ねえ)さんも六年の時、學校から見學に行ったから。」

【第六課】飛行機

<table>
<tr><td>

抱

秒

</td><td>

鳥のやうに自由に空を飛廻りたい。これは遠い昔か
ら人類が抱いてゐた夢であり、あこがれであった。
このあこがれをみたすために、多くの人達が幾世紀
か努力をつゞけたのであった。

米國の或自轉車屋にライトといふ兄弟があった。苦
心の末に作り上げたガソリン發動機を、從來あった
滑(かっ)空機に据(すゑ)付け、人目にかくれて飛んで
みると、うまく飛ぶことが出來た。二人は喜び勇ん
で公開飛行を行ひ、五十九秒で二百六十メートル飛
んだ。これが飛行機發達の歴史の上に、一新紀元を
劃(かく)した記念すべき飛行で、實に明治三十六年十
二月のことである。

</td></tr>
</table>

ライト兄弟の成功に刺戟(しげき)されて、世界各國では競うて飛行機の研究・製作を始めた。佛人が單葉機を發明すれば、英人は水上機を發明する。續いて金屬性の輕飛行機が生まれる。之につれて飛行の技術も次第に進み、英佛海峡(きょう)の横斷や宙(ちう)返り飛行に成功して、世人を驚かした。

たまたま歐(お)洲戰爭がおこり、飛行機は最新鋭の武器として、或は偵(てい)察に爆(ばく)撃に、或は戰鬪(とう)に輸送に、遺憾なくその威力を發揮した。歐洲の空には物すごい空中戰が展開し、恐しい都市空襲(しう)さへ行はれた。

かうして、飛行機の重要性はいよいよ認められ、日一日と優秀機が生まれるやうになった。實用方面も大いに開拓され、旅客の輸送はもとより、郵便物や貨物の運搬にも用ひられ、魚群の捜索(そうさく)や極地の探檢等にも利用されてゐる。

競佛單輕

鋭

憾

秀拓搬

誇

既

僅

我が國が初めて飛行機を輸入したのは明治四十三年である。その後、銳意研究の結果、軍用としては九二式・九三式等の世界に誇るべき新銳機を製作するに至った。民間でも飛行機製作所や、飛行學校・飛行場等が設けられ、既に內・鮮・滿の空をつなぐ定期航空路さへ開通してゐる。連絡船で七時間を要する朝鮮海峽も僅か二時間で越え、更に四時間足らずで滿洲國の領土に入ることが出來るのである。

【第七課】北海道

札　幌(さっぽろ)

札幌に來て先づ感ずることは、街路が眞直で幅の非常に廣いことである。市街は此の眞直な路によって碁盤(ごばん)の目のやうに正しく割られてゐる。主な通にはアカシヤの並木が青々と茂ってをり、市街の中央を東西に貫ぬく幅百メートル餘の大通は、むしろ公園ともいふべきもので、花壇(だん)が設けてあり、銅像なども立ってゐる。未開の土地を切開いて、思ふまゝに設計して造った町であるから、總べてが大規模でのびのびとしてゐる。

市外の眞駒內(まこまない)及び月寒(つきさっぷ)には、大きな牧場がある。見渡す限り果もない原野に、放牧の馬や牛が悠々と草をはむ樣や、綠草の間に羊の群をなして遊ぶ樣は、實にのどかである。

狩勝(かりかち)の展望

瀧川(たきがは)から根室(ねむろ)行の汽車に乗ると、約五時間後に石狩と十勝(とかち)の境にある狩勝の峠(たうげ)にかゝる。此の峠には長いトンネルがあって、其のあたりは海拔五百四十メートル餘、北海道鐵道沿線中の最高所である。汽車は密林の間をあへぎあへぎ通り拔けて、やがてトンネルにはいる。しばらく暗黒の中を通って再び光明の世界に出た時、突如として眼前に展開せられた風景は、雄大といはうか豪(ごう)壯といはうか、恐らく全道第一の壯觀であらう。右手には遠く日高境の山々が大浪のやうに連なり、眼下には廣々とした十勝の大平野がはるばると續いて、末は青い大空に接してゐる。汽車は無人の境を曲折して下る。畫がけるが如く美しき山の、或は右に或は左に現れるのは、サホロ嶽(だけ)の連峯の一つであらう。はるかの下に、一條の白煙をたなびかせて見えがくれする上り列車は、ちょうどおもちゃのやうに見える。

十勝の平原

帶

十勝川の流域一帶の廣野はいはゆる十勝平原で、其の中心をなすものは帶廣の町である。明治十六年、こゝに十三戸の農家が移住して來たのがこの町の始りであった。當時、此のあたりは未開の原野で、殆ど交通の便もなく、たゞ僅かに十勝川を上下するアイヌの丸木舟の便をかりるに過ぎなかった。それが今は人口約三萬、戸數約四千を算するりっぱな町となったのである。

細

此の邊の農業は總べて規模が大きい。畠にしても、小路によって細かく仕切ることをしないから、一枚の畠でうねが五百メートルも千メートルも長々と續いてゐるのが少くない。こんな廣い畠であるから、

蒔

耕すにも、うねを作るにも、種を蒔くにも、大てい機

械と馬の力による。中にはトラクターを用ひて全く大農式にやってゐる所もある。トラクターはちょうど軍用のタンクのやうな形で、ガソリン發動機が取付けてある。これが大きな鋤(すき)を何本も引いて、ものすごいうなり聲を立てながらのそりのそりと歩き廻ると、四メートル幅ぐらゐに耕されて行く。又開墾(こん)する場合には、立木や切株の根本を掘っておいて、それにくさりをつけて此のトラクターで引くと、めりめりと音を立てて根こぎにされてしまふ。

農業者は多く古い習慣になづみやすいものであるが、此の邊では新しい知識をいれて、新式の農具を用ひ、新式の方法によってどしどし土地を開いて行く。はてしなく續く廣野の中で、人々は自由な大氣を呼吸しながら、土の香に親しんで樂しげに働いてゐる。

十勝の平野は心ゆくばかり晴々しい所である。

吸
香

[第八課] 無言の行

或山寺で、四人の僧が一室に閉ぢこもって、七日間の無言の行を始めた。小僧一人だけ自由に室内に出入させて、いろいろの用を足させた。

夜が更けるにつれて燈がだんだん暗くなり、今にも消えさうになった。末席に坐ってゐた僧は、それが氣になってしかたがない。うっかり口をきいてしまった。

「小僧、早く燈心をかきたててくれ。」

隣に坐ってゐた僧が之を聞いて、

「無言の行に口をきくといふ事があるか。」

第二座の僧は、二人とも規則を踐ったのが不快でたまらない。

「あなた方はとんでもない人たちだ。」

三人とも物を言ってしまったので、上座の老僧がもったいらしい顔をして、

「物を言はないのはわしばかりだ。」

[第九課] 征[せい]衣上途

明治三十七年五月二十一日、これぞ一生忘れることの出來ぬ嬉しい日である。

いよいよ戰地へ行けることになると、一刻も早く出發したいと、誰一人思はぬ者はなかった。待ちに待った出發の日は決定されて、午前六時、城內練兵場に整列せよとの命令が下った。

日頃の熱望こゝに達して、男兒の面目これに過ぎるものはない。我等の歡喜は絶頂に達した。しかしこの歡喜と共に、また暗涙の浮ぶのを禁じ得なかった。無論、今更家を顧み、親を慕ふのではない。生きて再び歸らぬ決心があればある程、これが親子兄弟、今生の見をさめかと、鬼の目にも涙のたとへ、眼底に涙の湧くを禁ずることが出來なかった。

出發の前夜、舊友の寫眞を出して、見たり、机の中を片付けたり、死んだ後で、留守(るす)の者に何一つわからぬ事のないやうに、それぞれ整頓(とん)したりしてから、疊(たゝみ)の上での最後の眠を求めようと寢床に就いた。

涙禁顧

鬼湧

就

遥
伏
捧

戒

臨
示
朗

しばしまどろむと思ふ間もなく、柱時計は午前三時を報じた。すはと跳(はね)起き、冷水で身を清め、晴の軍服を着飾って、宣(せん)戰の大詔(しょう)を奉讀し、遥に大元帥(だいげんすい)陛下のおはします東の空を伏拜んだ。次にこれを最後と、祖先の靈(れい)前に禮拜した。この時、「汝、今は陛下に捧げたる身なり。未練なるふるまひをして、家名をけがすなかれ。」と、戒められるやうな感じがした。

さて家族一同自分を圍み、別れの杯(さかづき)をあげて、晴の門出を祝ってくれた。時は迫った。自分は神前に供へておいた軍刀を腰に着け、勇みに勇んで我が家の門を後にした。

午前六時、聯(れん)隊は練兵場に整列し、軍旗は莊(そう)重なるラッパの音に迎へられて、朝風にひるがへってゐる。聯隊長は落付いた口調を以て、故國を去るに臨んでの最後の訓示を朗讀した。終ると、その發聲で一同大元帥陛下の萬歲を三唱した。

「第一大隊より前進。」

これぞ進軍に臨んで、聯隊長が部下に下した最初の

號令であった。我等は既に第一歩を踏出したのである。一同血湧き肉躍る思があった。向ふ所は天も裂くべし、地も碎くべし。

長蛇の如き我が聯隊は、熱誠なる國民の萬歳の聲に送られて、勇ましく前進した。次第に遠ざかる靴の音、蹄(ひづめ)の響は、如何ばかり國民の耳に賴もしく聞えたことであらう。遠く近く響き渡るラッパの音は、即ち親愛なる同胞に對する暇乞であった。老も若きも、手に手に國旗を振りかざして、天地もとゞろくばかりに叫ぶ萬歳の聲を聞いては、我等は誓(ちか)って此の至誠に報いなければならぬとの感慨を深くした。

その後、度々の戰鬪(とう)に喊(かん)聲をあげて敵壘(るい)に突進する毎に、背後で國民の萬歳の聲が潮の如く湧起るやうに感じた。我等の喊聲は、國民の萬歳の聲の反響に外ならぬのだ。

巨彈耳をかすめる戰場の朝にも、嚴(げん)寒骨をさす露營の夕にも、決して忘れることの出來なかったのは、國民が熱血をしぼって叫んだ萬歳の聲であった。

踏
裂

響

即
老

每
背
潮
響
朝

［第十課］此の一戰

率	東郷大將の率ゐる我が聯(れん)合艦隊は、鎮海(ちんかい)灣の奥深く影をひそめて、今やおそしと露國艦隊の來航を待受けてゐた。 五月二十七日の午前四時四十五分、突如、哨(しょう)艦信濃(しなの)丸から「敵艦見ゆ。」との無線電信が飛んだ。
從 據	この飛電に接するや、東郷司令長官は時を移さず全艦隊に出動を命じ、自ら第一、第二艦隊を從へて根據地を出發した。 見渡せば曉靄(ぎょうあい)はすでにをさまって天氣晴朗。大小四十餘隻(せき)の我が艦隊は、旗艦三笠(みかさ)を先頭に、威風堂々と海を壓(あっ)し、濛々(もうもう)たる黒煙を天空になびかせながら進んで行く。
對馬 擊 持	哨艦よりの報告は相次いで來る。敵が對馬海峽(きょう)に向って進航しつゝあることを知るや、我が艦隊は、これを沖の島附近にむかへ擊たうと決心し、行く行く戰鬪(とう)準備を整へ、正午すぎ目的の地點に達し、滿を持して敵の來るを待受けた。一時を過ぎ

浪	るも、敵艦は影を見せぬ。東郷司令長官はとゞまって敵を待つより、むしろこれをむかへ撃たうと決心し、山なす逆(げき)浪を突切って進みに進む。玄界灘(げんかいなた)波ほえて、潮は花と散り、四邊の光景はそゞろに雄心を振ひ立たせる。
	やがて、南西はるかの水平線上に、濛氣をついて進み來る敵の全艦隊が見え出した。時に午後一時四十分。刻一刻と近づく敵艦隊を見れば、大小合はせて
針	三十餘隻の艦艇(てい)が、北々東の針路をとって、眞一文字に進んで來る。
	かくと見るや東郷司令長官は、三笠の檣(しょう)頭に
揭	軍艦旗を揭げしめて戰鬪開始を示し、全艦隊は次第に敵の先頭に迫って行く。
	東郷司令長官はあまたの幕僚(ばくりょう)を從へ、
鏡	旗艦三笠の艦橋に立って、默々と雙(そう)眼鏡をのぞいてゐる。
	時は移って午後一時五十分、いよいよ戰鬪開始の命が下った。次いで五十五分、三笠の檣頭高く信號旗がするすると揭げられた。

　「皇國の興廢此の一戰にあり、各員一層奮勵努力せよ。」

嚴(げん)として秋霜(そう)の如き信號である。仰ぎ見た全艦隊幾萬の將士の意氣は天をつき、悲壯勇烈の氣、早くも敵を壓するものがあった。

彼我の艦隊は刻々近づき、戰機はいよいよ熟して來る。距離測定士の報ずる聲は「九千メートル。」續いて「八千五百メートル。」と響く。十二インチ砲の有效距離にはいったのである。

突如、一團の白煙が敵の旗艦スワロフから上った。同時に數艦が一齊に砲門を開いて、我に向って猛射を始めた。先頭に進む旗艦三笠には敵の砲彈が雨霰

と注ぐ。東郷司令長官はきっと敵艦をみつめたまゝ微(び)動だもしない。

午後二時十分、つひに「打方始め。」の命は下った。

命令一下、我が艦隊は一齊に火蓄(ぶた)を切って、勢鋭く攻撃した。かくて、我が海軍の武威を世界にとゞろかした、日本海大海戰の幕(まく)は切って落されたのである。

[第十一課] 母の鑑【かゞみ】

失
膝
夫

遲

昔、米澤(よねざは)の藩(はん)士黒井某(それがし)に繁乃(しげの)といふ娘があった。幼い時に父を失ひ、母の膝下で人となった。後に夫を迎へて一子信藏をまうけたが、間もなく夫は病におかされ、心をこめた看護のかひもなく、つひに不歸の客となった。それから、繁乃は女手一つで一家の生計を支へ、幼兒の養育に心を碎いた。

信藏が七歳の頃、繁乃は隣家の糟谷(かすや)某について四書を學ばせた。けれども、我が身はわづかに假名文字を知ってゐるばかりであった。そこで「自分に學問がなくて、どうして我が子を教育することが出來よう。今から始めても遲くはあるまい。」と考へ、其の後は信藏が勉強に行くごとに、自分もまた隣家の窓の下に立って、もれて來る先生の讀み聲を、細大もらさず假名で書きしるした。さうして、信藏が歸って復習をする時は、何時も「此所はかうでせう。」とか、「これはかう讀むのが正しい。」などと教へ導いた。このやうにして二年ばかりの間に、四書を殘らず書取ることが出來た。

蟲
讀

其の後信藏は藩の學校にはいったが、常に深く母の苦心を心にきざみ、熱心に勉強して、少しも怠らなかったので、學業は大いに進み、後には重い職につくやうになった。信藏は一字一句母の心血がこもってゐる假名書の四書が、蟲のくひ物となるのをおそれ、母に請うてもらひ受けた。さうして、「國字四書」と名づけ、朝夕おしいただいて、厚く母の恩を謝したといふことである。

［第十二課］ブラジルから

一

御手紙拜見、二人とも元氣で勉強してゐるとのことで安心してゐます。勉強も大切ですが體にも精々御注意なさい。

目下滯（たい）在中のリオ、デ、ジャネーロ市はブラジルの首府で、非常に景色がよく、港としても有名で、町もなかなかりっぱです。此のブラジルは廣さが我が國の十三倍もあり、大部分は熱帯に屬してゐるが、中央の高地や海岸地方の

大半は割合に涼しく、殊に温帯に屬じてゐる南部の諸州では、四季の變化も日本の様にはっきりしてゐるさうです。唯季節が日本の秋が春、日本の冬が夏といふ様に反對になってゐます。

唯

二

此の手紙と同時に、繪葉書をたくさん送りました。其の中に有名なアマゾン河や、イグアッスーの大瀑(ばく)布の壯觀を寫したものもあります。ア

マゾン河は全長五千五百キロ、世界の河の王といはれてゐます。河幅は驚くばかり廣くて、河口では三百二十キロもある由、ほゞ京城大邱(たいきう)間の距離に當ります。次にイグアッスーの瀧(たき)は、ブラジルと隣のアルゼンチンとの境にある大瀑布です。高さが五十五メートルもあって、其の壯觀は筆舌で盡すことが出來ません。

三

二週間程前からサンパウロ市に來てゐます。此の邊は南米中で邦人の最も多く住んでゐる所で、何所に行っても同胞を見かけるのは甚だ愉

寫

由

舌

邦

快です。殊に邦人の小學校があって、あなた方位の子供が通學してゐるのを見ると、遠い南米に來てゐるとは思はれません。

世界に名高いブラジルコーヒーの主要な産地も此の邊で、甘蔗(かんしゃ)・綿花・米等もよく出來るさうです。昨日、知人に誘はれてコーヒー園見物に出掛けました。大勢の人が熟したコーヒーの實を手でこき落し、集めてみぞに投入れると、まじってゐる石や砂などは沈み、實だけ浮んで流れるのを下流ですくひ上げて、廣いほし場で乾かします。之を機械にかけて皮を取去り、袋に入れて外國に輸出するのださうです。

コーヒー園には多數の同胞が働いてゐます。中でも、十二三歳の子供がかひがひしく立働いてゐる養子は、如何にもけなげに見えます。

四

視

森林地開墾(こん)の狀況を視察してゐたので、しばらく御無沙汰(さた)しました。

ブラジルは何所へ行っても、果のない原野と森林です。原野は大てい牧場で、牛や馬が放し飼にされてゐます。森林には大木がすき間もなく繁茂し、其の根元には、つる草や灌(かん)木などが思ふまゝにはびこってゐます。かやうな所にでも同胞が盛に開墾に從事してゐるが、其の有樣は如何にも男らしく勇ましいものです。

抱

先づ柄の長さ二メートルもあるなたで灌木を伐拂ひ、次にをのを振るって大木を伐るのですが、三抱も四抱もある木が地響を打って倒れる有樣は、まことに壯快

表

燃

で、とても言葉に表はすことは出來ません。伐倒した木は乾くまで其のまゝにして置き、乾いた時四方から火をつけると、天をもこがすばかりのほのほを上げて燃えるが、其の光景は實にすさまじいものです。燃跡は取片附けて畠にし、コーヒーや棉の木などを植付けます。

ブラジルの視察も大體終りましたから、近い中に歸國するつもりです。

[第十三課] 李退溪【たいけい】

幾何 健氣	朝鮮は勿（もち）論、内地に於ても其の學德をうたはれ、感化の特に著しきは我が退溪先生なり。 先生は四百三十餘年前、今の慶尚（けいしょう）北道安東郡陶山（とうざん）面に生まる。生後幾何もなく父を失ひ、赤貧の中に人となりしが、健氣なる母の教を守りて學問にいそしみぬ。
叔父	十二歳の時、叔父松齊（しょうさい）につき論語を學び、「弟子入りては則（すなは）ち孝、出でては則ち弟。」の句に至り、感歎して曰（いは）く、「人の子の道まさにかくの如くなるべし。」と。これより、ひたすら身を愼み、德を磨きて寸時も怠らず、後京城に出でて學び、當時の難關たる官吏（り）登用の試驗に合格して官途につき、しばしば文教の重職にあたりて、其の功少からざりき。
愼 磨	然れども先生の志は學問にあり。晩年に至りて出仕の命を拜すれども辭して仕へず。故郷陶山の地に書堂を建てて、研學に專念し、かたはら四方より集り來る數多の子弟に教を授くるを以て樂しみとせり。
數多	

かくて先生は老の至るも打忘れ、學に勵み書を講じて一日も廢せざりしが、遂に七十歳の十二月、死期の近づけるを知り、子弟に暇乞して、静かに其の生を終へぬ。

これより先、先生の官を辭して陶山にあるや、時の明宗(めいそう)は陶山の景を畫がき、之に先生の文章をしるして屏風(びょうぶ)に作り、朝夕めで給ひきと云ふ。王にして既にかくの如し。朝野の人々の如何に先生を敬慕せしかは推して知るべきなり。

陶山書院は退溪先生をまつれるところ、當時の書堂今なほ此所に保存せられて昔日の面影をとゞめ、來り訪ふ者跡を絶たず。

【第十四課】小鳥の戰友

世界大戰の當時、イタリヤ軍が敵のオーストリヤ軍と塹壕(ざんごう)によって對峙(じ)してゐた時のことである。

イタリヤ軍の塹壕の前方二百メートルばかりの所に、一本の栗の立木があった。それが味方の展望を妨げるばかりでなく、時には敵の偵(てい)察に利用されて、味方にとって甚だ不利であった。そこで、隊長は部下の者を集めて、「誰かあの木を倒して來い。」と命じた。

両軍の塹壕の距離は、近い所では三百メートルにも足らぬ。どんな小さな物でも塹壕の上に現れたが最後、ねらひすました射撃でぷしっとやられる。夜は夜で、怪しいとにらんだら、照明彈を打上げて、あたり一面を眞晝のやうに照し、機關銃の猛射を浴びせるのだ。第一線の勇士達も、さすがにかたく口を結んで、誰一人「私が一。」と言出す者がない。

　「誰も行かないのか。」

隊長の聲はふるひをおびてゐた。

其の時、

　「隊長殿、私がまゐります。」

(欄外) 妨

(欄外) 怪照

と申し出た者がある。

　「イタロ、お前行ってくれるか。」

隊長はなかば驚き、なかば喜びながらかう言った。

このイタロといふ兵士は、戰爭が始まると同時
に、アペニンの山奧から出て來て義勇兵となった男
で、隊中きっての働き手である。

度

イタロは仕度にとりかゝった。隊長から導火索(さく)の
つけ方と、埋め方の注意をうけるや、小脇(わき)に火藥
の小箱を抱へて、おもむろに塹壕の外にはひ出た。
夜は音もなく更けて行く。今宵(こよひ)は星の光がわ

凄

けて物凄い。

　「もう火藥を埋めてゐる時分だな。」

　「うまく點火すればよいが。」

爆

やがて、天地をゆるがす轟(こう)然たる爆音に續い
て、めりめりと木の倒れる音がした。たちまち起る
味方の歡聲。これと同時に、敵の機關銃がすさまじ
い勢で火をはき出した。

　「おい、木はうまく倒れたやうだが、イタロは無事
　かな。」

　「隊長殿、とても生きては居りますまい。」

沈

それからしばし、塹壕の中には無氣味な沈黙が
つゞく。

突然、ぱらぱらと土が落ちて來たかと思ふと、續いて頭の上で、「ちいちい。」と、小鳥の鳴く聲がした。隊長は言葉鋭く叫んだ。

「誰だ、其所に居るのは。」

「はい、イタロであります。」

「やっ、イタロか。無事であったか。おい、みんな早く下してやれ。」

塹壕内に抱下されるや、イタロは血に染まったポケットから小鳥を三羽取出した。

雛

「イタロ、それは小鳥の雛ではないか。一體どうしたのだ。」

「隊長殿、私がうまく木の根元まではひ寄って、一番大きな根の下を掘りかけると、ぱっと飛立った鳥があります。おやっ、こんな所に巣があるのかと、手をさし込んでみると、この雛が親に逃げられてぱたぱたしてゐます。すてて置いては、そのまゝ燒死んでしまふばかりです。餘りかはいさうなので持って歸ってやりました。隊長殿、牛肉の空罐(あきかん)にでも入れて下さい。」

傷
外傷

幸、イタロの傷は何れも急所を外れてゐた。しかし、なかなか重傷であったので、直に病院へ送られることになった。

隊長はイタロをいたはりながら言った。

「イタロ、お前の負傷の輕かったのは、雛を助けて
もらった恩返しに、親鳥が守ってくれたのだよ。
ひよっとすると、親鳥が身代りになって、死んで
ゐるかも知れない。」

間もなく擔架(たんか)の用意が出來た。イタロは枕元
に小鳥の罐をのせてもらひ、「これからお前達は僕の
戰友だよ。」と、にこにこしながら病院に送られた。

入院後のイタロは、小鳥相手の平和な日を送っ
た。毎朝パンが配られると、イタロはまづ其の一切
れを、小鳥の分としてしまっておくのであった。

やがて小鳥は翼が生ひそろひ、元氣よく籠の中を飛
廻るやうになった。後には籠から出されることも
あった。そんな時、三羽の小鳥は、腹ばひになって
ゐるイタロの頭のまはりや肩のあたりを、さも嬉し
さうに、ぱっぱっと飛廻るのであった。

病院を訪問する人達は、案内の軍醫から「この兵があ
の名高い敵前行動の勇士で、これが其の時救はれた
小鳥です。」と教へられる度ごとに、今更のやうに、
その剛膽(たん)な行動をたゝへ、やさしい心根に感心
して、中には涙さへ浮べる者もあった。

后

イタロの負傷は日一日と快方に向った。退院も間近に迫った或日のこと、突然、皇后陛下が病院に成らせられた。

陛下は御案内の院長に、イタロのことを御下問遊ばされた。院長は有難い大御心に感激しながら、陛下をイタロの居る病室にお導き申し上げた。

陛下はイタロの枕元に近づかせられ、病狀についてやさしいお言葉をたまはった。

院長はイタロに代って、

　「有難うございます。幸、傷も全癒(ゆ)いたしましたので、一週間の後には、再び戰線に立てるやうになりませう。」

と、うやうやしくお禮を申し上げた。

これを聞くや、イタロは何を思ったか、小鳥の籠に目を移して、ほっとため息をついた。この樣を見てとった院長は

　「イタロ、お前は小鳥かはいさに、戰場へ出るのがいやなのか。」

イタロはきっとなって、

「さうではありません。小鳥は小鳥、戰爭は戰爭で
あります。イタロは一日千秋の思で、戰線に立つ
日を待ってをりました。たゞ私が居なくなった
ら、誰がこの小鳥を世話してくれるかと思って、
遂かはいさうになったのであります。」

と答へた。

この言葉をお聞きになった陛下の御目には、見る見
る御涙が光った。さうしてお附の者を通じて、何か
院長に傳へられた。院長の兩眼は感激に燃え、その
手はイタロの手をしっかと握った。

「イタロ、小鳥は今日から陛下のお手元でお飼ひ下
さるさうだ。安心して塹壕に歸れ。」

これを聞いたイタロは餘りの有難さに、何時までも
頭を上げることが出來なかった。

間もなくイタロは戰線に歸り、幾多の勳(くん)功をた
てたが、今はアペニンの山の家で、平和な日を送っ
てゐるといふことである。

[第十五課] 水害見舞の手紙

早速	叔父さん、早速御返電を有難うございました。皆様御無事の由何よりに存じます。
洪	昨朝のこと、新聞を手にした父が、「南鮮地方は大變なことになった。各地とも大洪水で、洛東(らくとう)江流域は特にひどいやうだ。叔父さんの邊はどうだらうか。」と、氣づかはしげに申されたので、
否 承	うち中心配し、とりあへず電報で御安否をお尋ねいたしたのでございます。皆様御無事と承り、一同安心いたしました。ところが、今日の新聞には「一面泥の海と化した洛東江流域。」「數日中開通の見込立たず、京釜線全く不通。」などの記事が「濁流南鮮一帶を洗ふ。」といふ大見出しで揭げられ、水害地の寫眞もたくさんのってゐるので、すっかり驚いてしまひました。
緒 沒 浸	今夜は又、學校の運動場で水害實況の活動寫眞があったので、母と一緒に見に行きました。洛東江大堤防決潰(かい)のため、半、水中に没してゐる亀浦(きほ)驛附近、床はおろか軒先まで浸された家々、

着のみ着のまゝで不安にをのゝく避難民の群。畫面には悲惨な場面が次々に展開されて、とても正視するにしのびませんでした。

皆様御無事とは申しながら、叔父さんの家はどうなってゐるのでせう。あの見事な梨畑はすっかり水につかったのではないでせうか。此の間の御手紙には、十八日夜來の雨は南鮮一帶には全く救の雨で、これで農村もよみがへるとありましたのに、僅か二三日の中にこんなことにならうとは ——。

家に歸ってからも、みんなで叔父さんはじめ昌植さんや玉順さんのことを話し合って、心から御安じ申し上げてをります。どうぞ一時も早く委しい御樣子をお知らせ下さい。

　　七月二十四日夜　　　　　　　　　　忠根
　　　叔父上樣

避
畫
惨(惨)

梨

村

委

四日

［第十六課］我は海の子

一

我は海の子、白波の

さわぐいそべの松原に、

煙たなびくとまやこそ、

我がなつかしき住家なれ。

二

生まれて潮に浴して、

浪を子守の歌と聞き、

千里寄せくる海の氣を

吸ひてわらべとなりにけり。

三

高く鼻つくいその香に、

不斷の花のかをりあり。

なぎさの松に吹く風を、

いみじき樂と我は聞く。

四

丈餘のろかい操りて、

行手定めぬ浪まくら、

百尋・千尋海の底、

遊びなれたる庭廣し。

浴
守

操

百尋

堅
腕

氷

護

五

幾年こゝにきたへたる

鐵より堅き腕あり。

吹く潮風に黒みたる

はだは赤(しゃく)銅さながらに。

六

浪にたゞよふ氷山も、

來らば來れ、恐れんや。

海まき上ぐるたつまきも、

起らば起れ、驚かじ。

七

いで、大船を乘出して、

我は拾はん、海の富。

いで、軍艦に乘組みて、

我は護らん、海の國。

[第十七課] 朝鮮の水産業

深
頗
普賞
激
淋賑

我が朝鮮の沿海は海岸線の屈曲、海流・水深等の關係上頗る魚族に富んでゐる。

榮養に富むので助己(じょき)と稱して、普く賞美されてゐるぐちは、專ら西海岸に産する。沖にもやの立ちこめる四五月頃、此の大群は激しい潮流にのって、黄海道沿岸の海に群集する。其の時、根據地の延坪(えんぺい)島には、千艘に餘る漁船が集り、海岸といふ海岸は魚の山で埋って、常には淋しい此の島も、時ならぬ賑を呈するといふことである。

東海岸は寒暖の兩海流が交流してゐるので、魚

族の種類に惠まれ、好漁場が少くない。春から秋に
かけて、鰤(ぶり)・鰆(さはら)・鯖(さば)・鰯(いわ
し)などの魚群は暖い對馬海流にのって北上し、沿岸
の漁場は勇ましい漁撈(ろう)の歌で賑ふ。しかし、こ
れ等の魚族も吹きつのる北風と共に次第に姿を消
し、鰊・明太魚・鱈(たら)などの大群が、しぶきも凍
るリマン海流に遊びたはむれながら、遠く迎日灣の
沿岸まで南下して來る。新浦(しんぽ)や浦項(ほこう)
の濱が賑ふは此の時である。

多島海の稱ある南海
岸は屈曲に富み、温
和な氣候と適度の水
深に惠まれて、魚族
の同游(ゆう)・蕃殖
に適し、鯖・鰺(あ
ぢ)・鰆・鯛(たひ)
・太刀魚(たちうを)
などの漁獲が甚だ多
い。これ等の中で、
釜山に水揚(あげ)さ

迎

濱

蕃殖

獲

れるものは、鮮內各地の需要をみたすばかりでなく、遠く滿洲へ進出してゐる。又、漁場から直ちに運搬船で下關(しものせき)に送られるものも少くない。

各種の水産製造業も次第に發達して、今や昔日の面目を一新しようとしてゐる。從來、此の方面で見るべきものは、北鮮に於ける明太魚の凍乾に過ぎなかったが、其の後、年を追うて發達し、各種の乾魚・鹽魚をはじめ魚油・魚肥などの産額は著しく增加し、支那及び滿洲の大市場をひかへて、其の前途はますます多望である。

將來發展の餘地を多分に有するのは養殖業である。現在見るべきものは海苔(のり)・牡蠣(かき)の養殖位で、他はまだ試驗時代に屬する。しかし、各地に干潟(しゃ)地・池沼(しょう)などが多いので、施設經營よろしきを得るならば、今日に數十倍する收益をあげることは、さまで困難でなからう。

我が朝鮮の水産業は施政以來長足の進步をつゞけ、其の總生産額は二十餘年前の十數倍に達するに至っ

た。此の勢を以て進むならば、其の將來は實に輝かしいもので、農業・鑛業と並び稱せられる日もさまで遠くはなからう。

[第十八課] 雲のいろいろ

趣雲

むらがる雲、そばだつ雲、凄い雲、かはいらしい雲など、雲の形にはいろいろある。

野山に桃や櫻の咲亂れる頃、うすく空をおほうて、照りもせず曇りもはてぬ花曇の情趣をたゞよはす雲がある。高層雲といふ雲で、この雲が次第にこくなると、やがて雨となって、梢(こずゑ)の花を散らすこともある。

巻

晴れた夕の空にひろがって、いち早く秋を告げるのは巻積雲である。うろこ雲や鯖(さば)雲などと呼ばれてゐるのは此の雲のことで、これが現れると鰯(いわし)の大りょうがあるといふので、鰯雲の異名もある。

一番秋らしいのは巻雲であらう。高く澄んだ青空
に、さっと一はけでかいたやうに見えるので、また
の名をはけ雲といふ。雲の中でも一番高い雲で、一萬
メートルから一萬二千メートルあたりの上層に現れ
る、この雲は微(び)細な氷の結晶から出來てゐる。

四季を通じて現れる雲に積雲がある。千二百メート
ル内外の空に綿のやうに浮ぶ底の平な雲で、青空の
あちこちに此の雲の浮んでゐるさまは、よく繪に
かゝれる光景である。

又眞夏の日盛りに、むくむくと湧上る怪奇(き)な形の
雲がある。これは積亂雲といふ雲で、入道雲または
雲の峯などと呼ばれて、よく詩や歌によまれる。

怪
亂

雷 雷 盆 曇 薄 基

雲の峯雷を封じてそびえけり。

青空にそびえ立つ此の雲から、ごろごろと、雷が鳴り出し、見る間に盆をくつがへすやうな夕立となることがある。

この外に、曇天に多い層積雲、普通に雨雲と呼ばれる亂雲、山腹にかゝる層雲、天空一面に薄絹を張ったやうな巻層雲、それに羊雲の名ある高積雲を合はせて、都合十種が基本の雲である。

飛行機や高い山の上から、下界をおほうてゐる雲を見下すと、さながら海のやうで、頭を出した山々は海上に浮ぶ島とも見える。このやうな雲の姿を雲海とはよくも名づけたものである。

[第十九課] 富士山上の日の出

「御來光をお拜みになる方は、そろそろお出かけ下さい。」といふ室(むろ)の主人の聲に驚いて飛起きる。

あわてて戸外に出ると、風は身を切るやうだ。其所にも此所にも日の出を待つ人々が、外套(とう)を着たり、マントをかぶったりして、三人・五人と一團になって笑ひ興じてゐる。

登

頂上の室から少し進んで、大きな岩の上に登る。あたりはまだほの暗い。朝風に吹かれながら、三千六百メートルの高所に立って、遙に下界を見下す氣特は、實に何とも言はれない。

紫 紅 忽	天は清く晴れてゐるが、足下は一面に薄黒い雲の海、東の方がかすかにぼうっと白く見えるばかりである。それがやがて紫になり、薄赤くなり、深紅になり、金光一箭(せん)さっとほとばしり出たかと思ふと、忽ちにして朱盆のやうな太陽が、きらきらとかゞやき出た。百筋・千筋の光は、空にかゞやき、雲にうつって、其の美観、其の壯観、實に筆舌の盡くすところでない。 一樣に薄黒い雲とばかり見えたものが、明るくなるにつれて、山となり、川となり、湖となって、雲の切れ目からあらはれてくる。 夜は全く明けはなれた。太陽はのぼりにのぼる。

[第二十課] 滿洲

滿洲ノ夏ハ高粱(リョウ)ノ夏デアル。マタ大豆ノ夏デアル。

大連ト國都新京間ハモトヨリ、北、哈爾賓(ハルビン)・齊々哈爾(チヽハル)ニ至ル鐵道ノ沿線ニハ、高粱ヤ大豆ノ畑ガ青海原ノ如クヒロガリ、末ハ天空ニ連ッテヰル。

滿洲名物トウタハレル高粱ハ、彼ノ國人ノ主要食物デ、大豆トトモニ滿洲ノミノリノ秋ヲ飾ル。

大豆ハ滿洲ノ特産物ノ王デ、其ノ年産額ハ實ニ世界總産額ノ六割ヲ占メテヰル。秋カラ冬ニカケテ、滿洲ノ家トイフ家、驛トイフ驛ハ大豆ノ山ニ埋ッテ、サスガニ滿洲ハ大豆ノ國ダトウナヅカセル。

滿洲トイヘバ赤イ夕日ノ沈ム大平原ガ聯想サレル。マコトニ、一望千里、サヘギル物ノナイ曠(コウ)野ノ中ヲ、飛鳥ノ如ク走ル急行列車ノ乗心地ヤ、目モハルカニ續ク草原ニ、羊ヤ馬ノ群ガ悠々ト草ヲ食ッテヰル大陸的光景ナドハ、内地ヤ朝鮮デハトテモ味ハヘナイ。

占

聯

車窓ノ眺ハ之ニツキナイ。京圖・安奉兩線ノ左右ニ
ツヾク山マタ山、秋草ガ色トリドリニ咲亂レル北滿
ノ野、サテハ千年ノ昔ヲ語ル遼陽(リョウヨウ)ノ白塔
ヤ、乃木(ノギ)將軍陣(ジン)中ノ詩デ名高イ金州城ノ
遠望ナド、何レモ滿洲ヲ訪フ者ノ永ク忘レ難イトコ
ロデアル。

滿洲ハマタ至ル所古戰場ナラヌハナイ。彼ノ山
モ此ノ川モ、忠勇ナル我ガ將士ガ、東洋平和ノ維
(イ)持ト、帝國ノ生命線確保ノ爲ニ、命ヲ的ニ戰ッタ
所デ、一木一草、ソヾロニ游(ユウ)子ノ涙ヲサソフ。

滿洲國ト我ガ國トノ關係ハ車ノ兩輪、鳥ノ兩翼ノ如
ク極メテ密接デアル。殊ニ兩國ノ空ヲツナグ航空路
ヲハジメ、海陸交通ノ目覺シイ發達ニツレテ、彼我
ノ交渉(ショウ)ハ日ヲ追ウテ繁クナッテ行ク。カクテ
日滿兩國ノ友好ハイヨイヨ厚ク、兩國民ハ固ク手ヲ
握リ合ヒ、五族協和ノ大理想ノモトニ、ヒタスラ王
道樂土ノ建設ニイソシンデヰルノデアル。

［第二十一課］松阪の一夜

本居宣長（のりなが）は伊勢（いせ）の國松阪の人である。若い頃から讀書がすきで、將來學問を以て身を立てたいと、一心に勉強してゐた。

或夏の半、宣長はかねて買ひつけの古本屋に行くと、主人は愛想よく迎へて、

　「どうも殘念なことでした。あなたがよく會ひたいと御話しになる江戸の賀茂眞淵（かもまぶち）先生が、先程御見えになりました。」

といふ。あまり思ひがけない言葉に宣長は驚いて、

　「先生がどうしてこちらへ。」

　「何でも山城・大和（やまと）方面の御旅行がすんで、これから參宮をなさるのださうです。あの新上屋に御泊りになって、さっき御出かけの途中『何か珍しい本はないか。』と、御立寄り下さいました。」

會
江

「それは惜しいことをした。どうかして御目にかゝ
りたいものだが。」

「後を追って御いでになったら、大てい追ひつけま
せう。」

宣長は、大急ぎで眞淵の様子を聞きとって後を追っ
たが、松阪の町外れまで行っても、それらしい人は
見えない。次の宿のさきまで行ってみたが、やはり
追ひつけなかった。宣長は力を落して、すごすごと
もどって來た。さうして新上屋の主人に、萬一御歸
りに又泊られることがあったら、すぐ知らせてもら
ひたいと頼んでおいた。

望がかなって、宣長が眞淵を新上屋の一室に訪ふ
ことが出來たのは、それから數日の後であった。
二人はほの暗い行燈(あんどん)のもとで對坐し
た。眞淵はもう七十歳に近く、いろいろりっぱな
著書もあって、天下に聞えた老大家。宣長はまだ
三十歳餘り、温和なひとゝなりのうちに、どこと
なく才氣のひらめいてゐる篤(とく)學の壯年。年
こそちがへ、二人は同じ學問の道をたどってゐる

のである。だんだん話してゐるうちに、眞淵は宣長の學識の尋常でないことをさとって、非常にたのもしく思った。話が古事記のことに及ぶと、宣長は

「私はかねがね古事記を研究したいと思ってをります。それについて何か御注意下さることはございますまいか。」

「それはよいところに氣がつきました。私も實は我が國の古代精神を知りたいといふ希望から、古事記を研究しようとしたが、どうも古い言葉がよくわからないと十分なことは出來ない。古い言葉を調べるのに一番よいのは萬葉集です。そこで先づ順序として萬葉集の研究を始めたところが、何時の間にか年をとってしまって、古事記に手を延ばすことが出來なくなりました。あなたはまだお若いから、しっかり努力なさったら、きっと此の研究を大成することが出來ませう。たゞ注意しなければならないのは、順序正しく進むといふことです。これは學問の研究

　　　には特に必要ですから、先づ土臺を作って、そ
　　　れから一步一步高く登り、最後の目的に達する
　　　やうになさい。」

夏の夜は更けやすい。家々の戸はもう皆とざされて
ゐる。老學者の言に深く感激した宣長は、未來の希
望に胸ををどらせながら、ひっそりした町すぢを我
が家へ向った。

其の後、宣長は絶えず文通して眞淵の教を受け、師
弟の關係は日一日と親密の度を加へたが、面會の機
會は松阪の一夜以後とうとう來なかった。

宣長は眞淵の志をうけつぎ、三十五年の間、努力に
努力を續けて、遂に古事記の研究を大成した。有名
な古事記傳といふ大著述は此の研究の結果で、我が
國文學の上に不滅の光を放ってゐる。

述

[第二十二課] 北鮮の旅

一 豆滿(とまん)江岸

國境の町會寧(かいねい)を後に、汽車は豆滿江の右岸を北へ北へと走る。

對岸の滿洲は呼ばば答へんばかりに近い。いただきまで耕された山が、うねうねと續いてゐる。山の裾に散在する農家、ポプラの木立、高粱(りょう)畑。河原の白い砂の上にははだかの子供が五六人、嬉々として遊びたはむれてゐる。

金生驛を出ると、有名な間島富士が見え出す。高さは僅か二百メートル位に過ぎないが、山の形はさすがに間島富士の名にそむかない。

高嶺鎭(こうれいちん)驛、鶴浦(かくほ)驛。汽車は間もなく江岸をはなれた。やがて右手に迫る險しい山も遠のいて、車窓の眺は次第にひらけて行く。

鐵道の舍宅であらう、きれいな家が丘の上に立ってゐる。藁屋の上の色パカチ、色づいた栗畑、手を上げて汽車を見送る學校歸りの生徒。赤い着物の少女が頭に盆をのせて、畔(あぜ)道を歩くのも見える。

また豆滿江のゆるやかな流が見え出した。列車は煙のかげを地にははせながら、色づきそめた江岸をひた走りに走る。

會寧を出て凡そ一時間、汽車は秋晴の空高く汽笛を響かせながら、間島への入口上三峯驛に着いた。

二　緬羊をたづねて

間もなく自動車は慶源の邑內をはなれた。大波のやうに連なる丘陵の間を東へ走ること凡そ三十分で、とある橋の袂(たもと)に出た。くさむらの中に「東拓牧場入口」と刻んだ石が立ってゐる。

此所で車を下り、地圖を便りに、流に沿うて北へ進む。青青と茂る大豆畑、雪かとまがふそばの花。高くめぐらしたきびがらの垣根の上に、煙草の看板が赤い。

山は次第に高く、谷はいよいよ深い。雜草が人の姿をかくすばかりに茂ってゐる。時折、稚が羽音高く飛立って肝(きも)を冷やす。

さびしい山道をたどること凡そ三時間で、やうやう驛大峯の麓の牧場に着いた。日はとっぷり暮れて、立並ぶ羊舍の屋根が、夕闇の中にほの白く浮んでゐた。

主任の柳田さんに迎へられて、事務所の一室にくつろいだ。

夕食には思ひがけぬ羊肉の御馳(ち)走に舌鼓(つづみ)を打った。牛肉よりやはらかで脂(あぶら)が輕い。

食後、四五人の牧夫と卓を圍んで談笑に時を過した。柳田さんは寫眞帖（ちょう）をひろげながら、今年の五月、濠（ごう）洲から輸入した三千頭近い緬羊を追うて、此の山の上の牧場に上った苦心や、平素は通る人も稀な山道を、厚い毛の衣を着た遠來の珍客が、長蛇の列をつくって、ぞろぞろと續いた當時の壯觀などを話して下さった。それから、ぬくてや熊などの猛獸と戰ひながら、野營をつゞける牧夫の苦心、一匹でよく數百頭の羊群を見守る洋犬の建氣な活動、さては自然に隊形をとゝのへて、先頭のまにまに進む羊の習性など、興味深い話が次から次へと續く。

私は話のきれ目を見て尋ねた。

「一體、半島の氣候や風土は、緬羊の飼育に適してゐるのでせうか。」

「適してゐますとも。朝鮮は概して雨や雪が少いが、これは緬羊にとって何よりです。また、北鮮一帶に廣大な牧野地帶があること、農民が天性家畜の飼育に巧なことなど、幾多の好條件に惠まれてゐます。」

卓
笑

稀
衣
珍

獸

概

「それでは、朝鮮の緬羊事業は前途有望ですね。」

「大いに有望です。それに農家の副業として好適な仕事なので、總督府では副業緬羊の獎勵計畫を立てて、極力その普及に努めてゐます。」

「緬羊の飼育は、農家の副業としてそんなに有利ですか。」

比

「さうです。第一、他の家畜に比べて金も手もかゝらないし、羊毛は初夏にはもう金になります。殊に、農業經營上見逃せないのは羊肥です。この羊肥は窒(ちつ)素・燐酸(りんさん)・加里の三成分を適當に含んでゐる申し分のない肥料で、現に平安北道には此の羊肥本位の飼育に成功して、小作農から地主となった自力更生の生きた手本があります。」

含

吠	一しきり吠立てた犬の鳴き聲も止んで、山深い牧場の夜はしんしんと更けて行く。 「めい、めい。」 聞きなれぬ羊の聲で目が覺めた。外はまだ薄暗い。羊舍前の廣場では、もう數百の羊が元氣よく走り廻ってゐる。
脈 斜 <u>彼所</u>	朝食後、柳田さんの案内で、朝露を踏みながら二キロ先にある新牧場を訪ねた。此所は長白山脈に通ずる朝雲峯と驛大峯に抱かれたゆるやかな斜面で、綠の草原が目もはるかに續いてゐる、此所に一團、彼所に一團、青空に浮ぶ白雲のやうな羊の群、何といふ平和な光景であらう。
<u>香</u>	柳田さんの話では、この春はるばる濠洲から輸入された羊は、此の香り高い牧草ですくすくと成長し、すでに何百といふかはいらしい仔(こ)羊も生まれてゐると言ふことである。 話はつきない。しかし先を急ぐので、私は名殘を惜しみながら山を下った。

[第二十三課] 野口英世【ひでよ】

博	世界の醫聖(せい)と仰がれた野口英世博士は、實に我が國が生んだ偉大な學者である。
	博士は幼名を清作といひ、明治九年十一月、東北の一寒村翁島(おきなじま)といふ所に生まれた。三歳の時、あやまって左手に火傷(やけど)をし、不幸にも指の自由を失ってしまった。
災	博士の母は我が子の災難にいたく心を痛め、「どんな思をしても、此の子には學問をさせなければならぬ。」とかたく心にちかひ、博士が八歳の春を迎へるや、村の小學校に入れた。それから、貧しい中にも博士にばかりは不自由をさせまいと、勞苦もいとはず働いた。子供心にも博士は深く心に感じ、せめて學用品だけでも自分でまうけようと、鰌(どぢゃう)賣をして母を助けた。
慈	温い母の慈愛の手に守られ、ひたすら學問に勵んだ博士は、優等の成績で村の小學校を卒業するや、小林といふ先生の力で猪苗代(ゐなはしろ)町の高等小學校に進むことが出來た。それからは雪

の日も風の日も、毎日八キロの道を通ひつゞけて、たゞの一日も休まなかった。

「此の手で物が握れるやうにならないものか。」これは物心ついてから、片時も博士の念頭を去らぬ願であった。

此の切ない念願が遂に達せられる時が來た。高等小學卒業の前年、小林先生始め師友の温い同情によって、博士は若松の外科醫渡部醫師の手術を受けることが出來た。經過は頗る良好で、三週間後には、五本の指は自由に伸びたり曲ったりするやうになったのである。

あゝ、此の時の博士の喜びはいかばかりであったらう。博士は人の情と醫術の有難さをしみじみと感じ、將來自分も醫師となって濟世救民に力を盡くし、小林先生始め多くの人々の厚恩に報いようと決心した。

高等小學校を卒業するや、博士は小林先生の盡力で、渡部醫院の書生となり、寸暇を惜しんで勉強した。先づ外國語の學習を始めたが、同じ言葉は二度と辭書を引かないことにして、毎夜三時過まで勉強

暇

したので、僅か一年で、醫學の原書がすらすらと讀めるやうになった。

醫學の知識が進むにつれ、博士は一日も早く醫師試驗を受けたいと願った。そこで二十一歳の時、意を決して渡部院長のもとを辭し、母や小林先生に暇を告げて、もし成功しなかったら、生きて再び故郷に歸らぬ覺悟をもって東京に出た。

上京後、博士は苦學に苦學を重ね、翌年の秋、見事に醫師試驗に合格して、多年の宿望を達した。間もなく博士は名を英世と改め、傳染病研究所で細菌(きん)學を研究することとなった。

たまたま米國で有名なフレキスナー教授が來朝して、傳染病研究所を訪れた。此の時、博士は選ばれて案內役となり、教授の滯(たい)京中は常に左右に從ってゐた。其の間に、教授は博士のなみなみならぬ材幹を認め、博士もまた教授のすぐれた學識に心服した。

博士がアメリカに渡り、フレキスナー教授の指導のもとに蛇毒の研究を始めたのは、それから四年後のことである。

博士はフレキスナー教授の知遇(ぐう)に感じ、萬難を排(はい)してその研究を完成しようと心にちかった。それから、夜を日についで研究に從事すること約三箇月、或は圖書館にはいって殘るくまなく文獻をあさり、或は研究室にこもって各種の實驗に沒頭した。睡(ねむ)氣がさせばその場で眠り、水とパンとで僅かに餓(うゑ)を凌いだ。かうして遂に至難な蛇毒研究を完成することが出來たのである。

間もなく博士は恩師フレキスナー教授と、當時蛇毒研究の權(けん)威であったミッチェル博士の紹介によって、フィラデルフィアに開かれた科學大會でこれを發表した。集ったものは何れも科學界の大家であったが、其のひろい知識と、すぐれた見識に舌を巻いた。席上ミッチェル博士は

「余(よ)が三十年もかゝって成し遂げ得なかったことを、此の青年學者が見事に完成したのは、實に敬服にたへない。」

と激賞した。かうして博士は、一躍米國の學界に重きをなすに至ったのである。

數年の後、ニューヨークにロックフェラー研究所

が新設され、フレキスナー教授が所長に任ぜられた。博士は招かれて其の一員となり、累(るい)進して、遂に最高幹部の位置を占めるに至った。その間に故國日本からは、醫學博士及び理學博士の學位を授けられ、次いで、學者最高の名譽である帝國學士院會員に列せられた。

博士が完成した研究は、百八十餘種の多きに達してゐるが、其の中で特筆すべきものは、南米に於ける黄熱病の病原體の發見と、其の療法の確立とであった。この博士の研究は實に不朽(きう)の偉業で、これによって救はれたエクアドル共和國の如きは感謝の餘り、博士を陸軍軍醫監(かん)名譽大佐(さ)に任じ、博士が研究中とぢこもってゐた病院と、グァヤキルの市會議事堂に其の銅像を建て、なほ市の一角に野口町の名をさへつけて、永久の記念としてゐる。

その後、アフリカに流行する黄熱病が學界の問題となるや、あくまで學問に忠實な博士は、昭和二年、フレキスナー教授を始め周圍の人々の止めるのもきかず、單身彼の地に渡航し、寢食を忘れて研究に沒頭した。しかるに不幸その病に感染し、翌年五月二

起

眠

十一日、遂に再び起つことが出來なくなった。かうして我が野口英世博士は、惜しくも五十三歳を一期に、異境の地に永眠したのである。

博士の訃(ふ)報が天聽(ちょう)に達するや、特別の思召(おぼしめし)をもって勳(くん)二等に叙(じょ)せられた。又歐米の新聞雑誌は一齊にその訃を報ずると共に、博士の殉(じゅん)職に對して満空(こう)の敬意と弔(ちょう)意とを表した。

博士は天性至孝の人であった。渡米後一度は歸朝して母を慰めたいと、其の機會をうかゞってゐた。たまたま故國の親友が年老いた母の寫眞をそへて歸國を促(うなが)すや、遂に意を決し、はるばる太平洋を越えて猪苗代湖畔(はん)に歸って來た。大正四年の秋九月、翁島驛頭を埋めた群集は、郷土が生んだ此の大學者を爭って迎へた。博士は群集の中に母の姿を見つけると、

「お母(かあ)さん、清作です。」

と、呼ぶより早く其の手を握った。

「まあ、清作か。お達者で――。」

母は感極って嬉し泣に泣いた。

此の光景を見た幾百の人々は、何れも感激の涙にむせんだといふことである。

阪

それから博士は、母をつれて京阪見物に出掛けた。旅行の先々で、

召

「お母さん、これを召上ってごらんなさい。」

などと、所の名物をすゝめるのであった。博士にとってはどんな名譽や地位よりも、母と一緒に居るのが何より嬉しいことであったのである、

思ふに、野口博士こそは眞に崇(すう)高な日本精神に生きた大學者と言ふべきであらう。

[第二十四課] 鐵眼【てつげん】の一切經

一切經は、佛教に關する書籍を集めたる一大叢(そう)書にして、此の教に志ある者の無二の寶として貴ぶところなり。しかもその巻數幾千の多きに上り、これが出版は決して容易の業に非ず。されば古は、支那より渡來せるものの僅かに世に存するのみにて、學者其の得難きに苦しみたりき。

今より二百數十年前、山城宇治(うぢ)の黄檗(おうばく)山萬福寺に鐵眼といふ僧ありき。一代の事業として一切經を出版せん事を思ひ立ち、如何なる困難を

忍びても、ちかつて此のくはだてを成就せんと、廣く各地をめぐりて資金をつのる事數年、やうやくにして之をとゝのふる事を得たり。鐵眼大いに喜び、將に出版に着手せんとす。たまたま大阪に出水あり。死傷

捨

悉

空

志

頗る多く、家を流し産を失ひて、路頭に迷ふ者數を知らず。鐵眼此の狀を目擊して悲しみにたへず。つらつら思ふに、「我が一切經の出版を思ひ立ちしは佛教を盛にせんが爲、佛教を盛にせんとするは、ひっきょう人を救はんが爲なり。喜捨を受けたる此の金、之を一切經の事に費すも、餓（うゑ）たる人々の救助に用ふるも、歸する所は一にして二にあらず。一切經を世にひろむるはもとより必要の事なれども、人の死を救ふは更に必要なるに非ずや。」と。即ち喜捨せる人々に其の志を告げて同意を得、資金を悉く救助の用に當てたりき。

苦心に苦心を重ねて集めたる出版費は、遂に一錢も殘らずなりぬ。然れども鐵眼少しも屆せず、再び募（ぼ）集に着手して努力すること更に數年、效果空しからずして宿志の果さるゝも近きにあらんとす。鐵眼の喜び知るべきなり。

然るに、此の度は近畿（きんき）地方に大飢饉（ききん）起り、人々の困苦は前の出水の比に非ず。幕（ばく）府は所々に救小屋を設けて救助に力を用ふれども、人々のくるしみは、日々にまさりゆくばかりなり。

鐵眼こゝにおいて再び意を決し、喜捨せる人々に説きて出版の事業を中止し、其の資金を以て力の及ぶ限り廣く人々を救ひ、又もや一錢をも留めざるに至れり。

二度資を集めて二度散じたる鐵眼は、終に奮って第三回の募集に着手せり。鐵眼の深大なる慈悲心と、あくまで初一念をひるがへさざる熱心とは、強く人々を感動せしめしにや、喜んで寄附するもの意外に多く、此の度は製版・印刷の業着々として進みたり。かくて鐵眼が此の大事業を思ひ立ちしより十七年、即ち天和(てんな)元年に至りて、一切經六千九百五十六巻の大出版は遂に完成せられたり。これ世に鐵眼版と稱せらるるものにして、一切經の廣く我が國に行はるゝは、實に此の時よりの事なりとす。此の版木は今も

（欄外）留(留)　重　寄

萬福寺に保存せられ、三棟百五十坪(つぼ)の倉庫に滿ち滿ちたり。

福田行誡(ぎょうかい)かって鐵眼の事業を感歎して日(いは)く、「鐵眼は一生に三度一切經を刊行せり。」と。

終

朝鮮總督府 編纂 第三期 (1930~1935)

普通學校國語讀本 卷十二

第6學年 2學期

普通
學校

國語讀本 卷十二

朝鮮總督府

普通學校國語讀本 巻十二
目録

[第一課] 明治天皇御製

古のふみ見るたびに思ふかな
　　おのが治むる國はいかにと

淺緑すみわたりたる大空の
　　ひろきをおのが心ともがな

大空にそびえて見ゆるたかねにも
　　のぼればのぼる道はありけり

ほどほどに心を盡くす國民の
　　ちからぞやがてわが力なる

昇

さし昇る朝日の如くさわやかに
　　もたまほしきは心なりけり

捨

よきを取りあしきを捨ててとつ國に
　　おとらぬ國となすよしもがな

春雨

しづのをがかへす山田もうるほひて
　　ゆふべしづかに春雨ぞふる

鳴くせみの聲ばかりして日ざかりは
　　庭木の上をとぶ鳥もなし

はるばると風のゆくへの見ゆるかな
　　すゝきがはらの秋の夜の月

十

いたゞきは雲にかくれて富士のねの
　　すそ野ましろにつもる雪かな

【第二課】日章旗

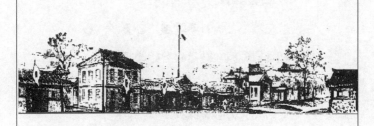

秋日の朝の町を私は行く。

日章旗のひるがへる町を、

晴々しい祝日の町を、

私は心さわやかに歩いて行く。

純潔　日章旗の何といふ純潔、

何といふ明朗、

私は祝日の國旗の美しさに心奪(うば)はれて、

王子のやうに町を歩く。

町並の上にひろがる青空、

青空にひるがへる日章旗、

何といふ博大な心を示し、

何といふ光明の心を表してゐるのであらう。

麗　あゝ、晴やかに麗しく、

　　日章旗は町にひるがへる、

　　はたはたと流れる朝風にひるがへる。

　　私は日章旗が語る心を始めて知り、

輝　その光輝の心奪はれ、

　　その單純さ正しさに心奪はれ、

　　嬉々としてさわやかに、

　　朝の町を歩いて行く。

　　光榮の旗よ、

譽　譽の國旗よ、

樹　あゝ、樹々の綠と青空と、

　　明るい人々の顔々と、

　　燦(さん)然たる日章旗とに飾られた祝日の町を、

　　感動に溢(あふ)れて、

揚　私は揚々と歩いて行く。

[第三課] 朝鮮神宮

紅葉

陽光に輝く松の綠と、錦繡(きんしう)の紅葉につゝまれた南山、私はそれを仰ぎながら、幾度その麓を通ったことであらう。松の林の奧からは石を切るのみの響や、木をひく鋸の音が、こゝろよい調子を作って流れて來た。

鋸

あの林の中に朝鮮神宮が建つのだ。かう思ふと私の心は一種名狀し難い莊嚴(そうごん)の氣にみたされ、言ひ知れぬかたじけなささへ湧いて、ひたすら御竣(しゅん)工の日が待たれるのであった。

雪

その朝鮮神宮がとうとう竣工を告げた。晴々とひろがる神域、長くつらなる玉垣の列、端然と立つ雪白の鳥居、その奧深く松の綠の中に、千木高知る神明造の神殿が浮彫のやうに見える。

彫

靈(霊)崇興追 政 未 聳 塵	かけまくも畏(かしこ)き神靈を迎へて、敬神崇祖の風を興し、追遠報始の誠を致さんとは、半島全住民が早くから抱いてゐた念願であった。その念願が遂に達して、いよいよ朝鮮神宮奉建の御事となり、歴史と風致に富む南山の淨(じょう)域に、皇祖天照大神(あまてらすおほみかみ)と、我が朝鮮に一視同仁の政をおしき遊ばされた明治天皇の、二柱の御神靈を奉遷(せん)することとなったのである。 　私は、始めて神宮の大前に立った時の敬虔(けん)な心を未だに忘れることが出來ない。それは十餘年前の菊花かをる秋の一日であった。早朝家を出て、光化門通を南に神宮へ向った。空は高く晴渡り、正面に聳える南山の松の間からは、白い鳥居が神々しく拜された。 　やがて表參道入口に着いた。見事に鋪(ほ)裝された廣い坂道はきれいにはき清められて、一筋の塵も目にとまらない。三人五人、言葉もなく歩む參拜者の群、私はつゝましく其の後につゞいた。 　參道をしばらく行くと、間もなく見上げるばかりの石段の下に出た。層々築き上げられた數百段の石段と、

左右に並ぶ十數基の石燈籠、その配置は單純ながらたくまぬ直線美に、おかし難い氣品が感じられる。

一段、二段と數へながら登る。振返れば、眼下には大小幾千の建物が軒を接し、いらかを並べて、はるか彼方の山の麓まで續いてゐる。眺望絶佳、眞に神の宮居にふさはしい高燥(そう)の地である。登り登って、やうやく中の廣場に出た。

一の鳥居をくゞって、清々しい玉砂利の上を行く。さくさくと鳴る足音に、身は自づとひきしまる。御手洗(みたらし)に口をすゝぎ手を清めて、恭しく拜殿の前に額づく。強く鼻をつく檜(ひのき)の香、ひしひしと身に迫る崇高の氣、

　　　何事のおはしますかは知らねども

　　　　かたじけなさに涙こぼるゝ

私は頭もえ上げず、いつまでもいつまでも黙禱(とう)を捧げた。あゝ、生まれて三十餘年、この日、この時ほど生を日出づる國にうけた光榮に感激したことはない。

千木高知る朝鮮神宮が、半島鎭護の神としてこゝ南山の淨域に鎭り給うてから、早くも十年餘りの歳月

獨(独) 華	が流れた。この間、年々の例祭をはじめ定めの祭典(てん)はもとより、春・夏・秋・冬、雨の日も雪の日も、神前に額づいて敬神の誠を捧げる参拜者の群はあとを絶たない。此の光景は、神國日本をおいては他に見られぬ我が國獨自のもので、これぞ我が國民精神の精華を語り、新日本の前途を暗示するものではあるまいか。

［第四課］蜜柑山

蜜柑

採

日和

　　　沖を走るは丸屋の船か

　　丸にやの字の帆が見える

調子のよい蜜柑採歌が澄切った晩秋の空氣をふる
はして、何所からともなくのどかに聞えて來る。
今登って來た方を振返って見ると、幾段にも築き
上げられた山畑には、蜜柑の木が行儀よく並んで
ゐる。どれを見ても、枝といふ枝にはもう黄金色
に色づいた實が鈴なりになってゐる。黒い程こい
緑の葉の間から、其の一つ一つが日の色にはえ
て、くっきりと浮出てゐるのが見える。

又少し登る。どの山を見てもどの谷を見ても、蜜柑
の木でない所はない。ふと見るとついそばの木の下
では、かごを首に掛けた二三人の男が、器用な手つ
きで蜜柑を採ってゐる。さっきの歌の主であらう。
あちらでもこちらでも、さえたはさみの音がちょき
んちょきんと聞える。

麓の川を白帆が二つ三つ通って行く。あれは港の親
船へ蜜柑を運んで行くのであらう。小春日和の暖さ

にとけて、其所からも夢のやうに船歌が聞えて來
る。

[第五課] 金剛山

一　萬物相

霞(かすみ)橋を渡ると、もう温井里の町を外れて松林にかゝる。自動車は坦々(たんたん)たる道を快速力で走り、間もなく六花臺に着いた。

車をすてて雜木林の中を行く。小一時間の後萬相亭(てい)といふ茶屋の前に出る。先着の探勝客が二三人、床机に腰を下して休んでゐる。私もかけひの清水にのどをうるほして汗をふいた。

しばらく休んでから、谷合の道を登り始めた。突如、行手の左に天を摩(ま)するが如くそゝり立つ三つの岩峯が現れる。名高い三仙(せん)岩だ。此のあたりから谷はいよいよ深く、頭上には竒岩怪石が聳え立ち、流石(さすが)に舊萬物相の名にそむかない。

三仙岩を後に、溪谷に沿ふ小道を辿(たど)る。谷には一筋の流れる水もなく、左右に迫る絶壁の紅葉がひとり火焰をはいてゐる。登るにつれて道はいよいよけはしい。十歩で休み、五歩に憩うて、あへぎあへぎ登る。杖を止めて仰げば、はるか山頂のあたりを白雲が悠々と去來してゐる。

安心臺を過ぎれば、急坂は絶壁と變じて高く頭上に迫る。鐵索(さく)に身を托(たく)してよぢ上るこ

井

清水

竒

溪谷

焰

憩

としばし、やがて金剛門といふ石門の前に出た。門をくゞれば眼下は目もくらむやうな深い谷で、久しく見るにたへない。

をのゝく足を踏みしめ踏みしめ、亂立する岩の間をよぢ、やうやくにして羽衣の傳説で名高い千仙臺に辿り着いた。

眼前はるかの中空にきほひ立つ幾百千の山峯、塔の如く、柱の如く、巨人の如く、怪獸の如く、さながら宇宙(うちゅう)萬物の相を寫して天空に連り、稜々(りょうりょう)たる岩肌(はだ)は紫紺に輝いてゐる。崇高神秘、雄大豪壯、眞に山岳(がく)美の極致である。

遠く眼を南方に轉ずれば、正面の觀音連峯は滿山錦繡(きんしう)の紅葉に包まれて、燃盛る紅蓮(れん)の焰の如く、その奥に紫にかすむは玉女・月出・日出及び彩霞(さいか)・集仙の峯巒(らん)である。さらにこれ等の高嶽峻(がくしゅん)峯の上に一

紫紺

秘豪

焰

盟

龍(竜)

きは高く、王者の如く聳えるのは、これぞ金剛萬二千峯の盟主毘盧(びろ)の靈峰である。

二　九龍淵(えん)

極樂峴(ごくらくけん)の急坂を越えると、木立の間から丹碧(たんべき)の建物が見え出す。神溪寺だ。後は一帶の赤松林で、廣い境内には人の氣配もない。

寺を出て松林の中を行く。時々、林の奥から澄んだ小鳥の聲が聞えて來る。やがて溪流のほとりに出た。岩間を流れる水は藍(あゐ)よりも青く、谷を埋める岩塊(かい)の肌は雪よりも白い。流に沿ふ道を右に折れ、また左に曲る。行くことしばし、突如、行手の空に屏風(びょうぶ)の如く削(さく)立する峻峯が現れる。觀音・玉女・集仙の諸峯である。

崩	道は峻峯の麓を埋める雜木林の奥へ續く。木々の黄葉が折からの午後の日に照りはえて、林の中がぱっと明るくなる。金剛門といふ石門に近づくと、兩岸には絶壁が迫り合ひ、崩れ落ちた花崗岩は累々(るいるい)と谷一面に横たはってゐる。彼方、しげみの奥から流れ來る清流は岩に激して、雪と碎け玉と散る。幽邃(ゆうすい)の氣がひしひしと身に迫る。
盤石 奔 隨	金剛門を過ぎて間もなく、どうどうと響く水聲が耳を打つ。忽ち開ける溪流の絶景。躍り來る水流は盤石の上を奔馬の如く走り、やがて急湍(たん)となり、深淵と變ずる。ここは溪谷の美で山中隨一の稱ある玉流洞である。
頂 瀧(滝) 邊	一筋の鐵索を力に、一大岩盤の上に出る。脚下には深淵が紺碧の色をたゝへてよどんでゐる。小道を辿り、溪流を渡り、雜木林の中をしばらく行くと、左方高く聳える石峯の頂から、一條の瀧が雨となり霧と化して落下する。飛鳳瀑(ひほうばく)だ。此の邊から山はいよいよけはしく、谷はますます深く、深山幽谷の趣が一しほこくなって來る。

角

穿

飛鳳瀑を過ぎてつり橋を渡り、岩角を辿る。と見る九天の上から、天地も碎けよとばかり落來る一大瀑布がある。其のさま飛龍の天に昇るが如く、水聲はどうどうと滿峽（きょう）にこだまして、壯絶そゞろに人の心を寒うする。

此所が山中第一の勝九龍淵である。瀧は高さ凡そ六十メートル、瀑上瀑下はたゞ一枚の巨岩から成り、それに穿たれた瀧壺（つぼ）は神秘の色をたゝへて物凄く、底には何物がひそむかと疑はれる。案内記によると、その昔楡岾（ゆせん）寺の池にすんでゐた九匹の龍が、五十三佛に追はれて此の瀧壺と、瀧の上の上八潭（かみはったん）とにすみかへたとか。九龍淵の名は此の傳説から出たものらしい。

やがて私は毘盧峯目ざして、茶屋の後のけはしい山道を辿った。

【第六課】暴風雨の話

昭和九年九月、關西地方を襲うた暴風雨が、家を倒し大木を根こぎにして、非常な慘害を與へたことは、未だ世人の記憶に新なところであらう。

襲
憶

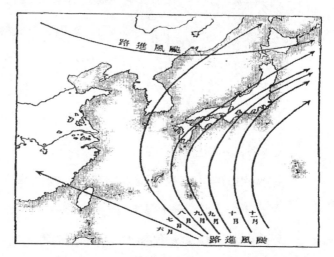

我が國に襲來する暴風は、大體これを三種に分けることが出來る。第一は颱(たい)風と稱し、六月から十月の間に、南洋のマリヤナ諸島附近に發生し、次第に北進して我が國を襲ふもので、其の勢力は最も強烈である。颱風の進路は時期によって異なる。六月頃は臺灣附近から支那の南部へ、七月頃になると沖繩諸島を經て朝鮮へ向ふが、八月、九月、十月には

襲
經

次第に東に移って、九州・四國・本州方面を見舞ふやうになる。次は毎年六七月の頃、揚子江流域に相次いで發生し、徐々に東進して我が國へ向ふものである。其の勢力はさ程強くないが、本州や四國・九州地方に梅(ばい)雨を降らせる。第三は冬期、濛古(もうこ)或はシベリヤに發生して南滿洲を過ぎ、日本海に出て勢力を增し、東進して北海道・樺太(からふと)・千島方面を襲ふもので、大陸颱(せん)風と呼ばれ、各地に烈しい吹雪を起す。

天氣のよい日、庭先で小さい旋(つむじ)風が出來て、塵を卷上げてゐるのを見受けることがある。これは日射に温められて稀薄となった空氣が、烈しい勢で上昇すると、周圍の空氣がその稀薄な部分へ、すさまじい勢で吹込むために生ずるものである。暴風はこの旋風の非常に大きなもので、其の直徑は三千キロにも達する。風速もまた非常に大で、中心附近では秒速五十メートルにも及ぶことがある。

暴風が、時に豪雨を伴ひ大洪水を起すのは上昇する空氣中に多量の水蒸氣を含んでゐるためで、昭和九年六月、南鮮地方を襲うた大洪水はその一例である。

如何	昔は、暴風雨は天災で、人力では如何ともし難いものであると考へられてゐた。然るに今日は進歩した科學の力で、或程度までその災害を防ぐことが出來るやうになった。
浦 壓	我が朝鮮には仁川に觀測所、釜山・木浦・新義州・元山等に測候所があり、毎日三回、氣温・氣壓・風速等の氣象を觀測し、その結果に内地・臺灣・滿洲等の氣象をも合はせて天氣圖を作る。

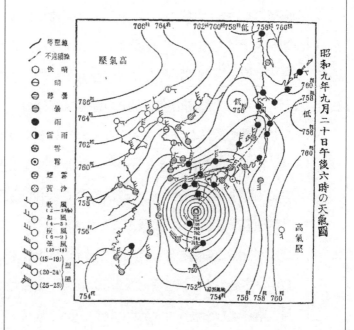

天氣圖によると天氣が豫想されるばかりでなく、暴風雨の發生が分るし、また進行の方向や速度も豫察することが出來る。そこで暴風雨襲來のおそれある場合には、觀測所や測候所はいち早く警報を發して、災害の防止に努めてゐる。

[第七課] 我が南洋

統治
委

大正八年に開かれたパリー講和會議の結果として我が國はかつてドイツ領であった南洋諸島の中、カロリン・マーシャル・マリヤナ諸島の統治を委任されることとなった。

南洋といふと、誰でも先づ極めて暑い不愉快な所と思ふであらうが、此の邊の氣候は、同じ南洋の中でも温和な方である。もちろん一年間の氣温を平均すると、内地よりはずっと高いが、いはゆる海洋性の氣候であって、四季や晝夜による差が少く、氣温の最も低い時でも二十度を下ることなく、又最も高い時でも三十三度を越すことがないから、案外しのぎ

易

易い。其の上、ほとんど毎日、勢のよい雨が降って暑さを洗ひ去るので、一層心持がよい。

乾
油

液
到

蒸

植物は、十分な熱と光と水分によって、思ふ存分に成長する。其の中で最も目につくものはコ、椰(や)子とパンの木である。コ、椰子は大きなものになると高さ二十五六メートルもあって、幹の上方に大きな羽狀の葉が集って附いてゐる。其の葉の根本には、大人の頭ぐらゐもある實が鈴なりになってゐる。此の實の中には固い殼があって、其の內部に白い肉のやうなものがある。これを乾固めたものはコプラといって椰子油の原料となる。椰子油は石けんや、ろうそくの原料として用ひられる。まだ十分に熟さない時は、中の肉が透(とう)明に近い液で、これがなかなかうまいものである。パンの木も到る所に美しい林を作り、一年の中ほとんど七八箇月の間は、常に實を結んでゐる。實の大きさは子供の頭ぐらゐもあって、土人の食料として最も大切なものである。彼等は其の肉を蒸燒にしたり、又は餅(もち)についたりして食ふ。味は大體さつまいもに似てゐる。

土人の風俗は所によって多少違ふが、一般に文化の

程度の低いことは、家を見ても着物を見ても直に感じられる。即ち家は大てい椰子の葉でふいた掘立小屋、着物といっても極めて簡單なもので、男も女もたゞ布や腰蓑(みの)などをつけてゐるに過ぎない。しかし近來は文明人に接する結果として、だんだん洋式の家屋も出來れば、洋服を着るものも多くなった。今日では我が國で設けた學校などもあるから、子供は日本語を上手に話し、禮儀などもよく心得てゐる。

彼等土人の最も得意とすることは、舟を操ることで

ある。舟といってももとより丸木舟に過ぎぬが、そ
れでも大きいのになると、數十人ものる事が出來
る。一方の舟ばたから長い腕木が出てをり、其の端
に船體と並行してうきが結びつけてあるから、簡單
なものではあるが、決してくつがへらない。

海の美しいことは此の邊の特色の一つであらう。水
はあくまですみとほって、波の静かな所では、船か
ら下の方をのぞくと、海底の有樣が手に取るやうに
見える。青・緑・紅・紫、目の覺めるやうに美しい
魚の群が、さんごの林や海草の間に遊んでゐる有樣
は、全くおとぎばなしに聞く龍宮の景色を見るやう
である。

[第八課] 太平洋

海洋の王、太平洋。

其の美しき水は東、南北アメリカの岸を洗ひ、西、アジヤ・濠(ごう)洲のいそをひたし、南は直ちに南極大陸に及び、北はベーリング海峽(きょう)を以て北極海に續く。南北一萬五千キロ、東西一萬六千キロ、面積の大は地球の三分の一を占めて、全陸地より更に廣し。

海洋の王、太平洋。

其の中に注ぐ川幾百。其の上に浮かぶ島幾千。彼のフィリピン海溝(こう)は、最も深きところ實に一萬七百メートル餘、世界の最高峯エベレストを沈むるも、約二千メートルの水面下にかくるべしと。

海洋の王、太平洋。

其の水上を行通ふ船日に幾千艘ぞ。其の水底を走る電線東西幾十條ぞ。十六世紀の初頭、マゼラン此の海を橫斷してより、無盡の寶庫は世界に開かれ、各國こゝに關係を有せざるなく、人々こゝに目を注がざるなし。

海洋の王、太平洋。

其の西の果近く、三千年の永き歷史に飾られて、靜かに橫たはれるは我が大日本帝國なり。我等は榮ある其の國民と生まれて、雄々しく猛く生ひ立ちぬ。いで此の大洋に似たる廣き心と大なる望とを持ちて、海原遠く乘出し、天與の寶を此の手に探らん。

榮
雄猛寶
探

[第九課] オリンピック大會

今日、世界的行事と呼ばれるものには種々あるが、各國を代表する運動選手が相會し、自國の名譽の爲、全力を盡くして技を競ひ、覇(は)を爭ふオリンピック大會ほど、世界各國民の血を湧かし興味をそゝるものはなからう。

オリンピック大會は二千數百年の昔、ギリシャが其の主神ゼウスの神靈を慰めるために開いた競技に源を發してゐる。競技は四年に一度、風かをる初夏の頃、青葉に圍まれた美しいオリンピヤの野で開かれ、これに優勝することは當時のギリシャ人最高の名譽であった。そして此の競技は、全國民の歡喜と感激の中に千年餘りも續いた。

それから千數百年の永い間、オリンピック大會は歷史の彼方に追ひやられ、月桂(けい)樹のかぐはしい匂に、僅に昔を偲ばせてゐたが、十九世紀の中頃に至って之が復興の聲はやうやく高まり、氣運熟して、遂に西曆千八百九十六年に、最初の復興競技會が由緒も深いギリシャに開催せられた。かくて、

匂

偲

由

催

その昔宗教的祭事として行はれたオリンピック大會は、國際親善といふ新な目的のもとに復活されるに至ったのである。

我が國がオリンピック大會の檜(ひのき)舞臺に代表選手を送ったのは明治四十五年、ストックホルムで開かれた第五回大會が最初である。出場選手は僅に二名で、成績もまた芳しくなかったが、我が國の運動界に新紀元を劃(かく)した點で忘るべからざるものである。

第七回大會からは、陸上の外に水上及び庭球の代表選手をも送ったが、成績は依(い)然振るはなかった。しかし次のパリー大會に於て、織田(おだ)選手は三段跳に貴重な一點をあげ、水泳では第六位の好成績を收めた。實にオリンピック大會に於ける我が國最初の入賞で、花々しい我が運動界の世界進出の端緒をなしたものである。

霸業を目ざす我が選手の不斷の努力で、遂に世界の古豪と太刀打をなし得る日が來た。昭和三年、アムステルダムに催された第九回大會に於て、織田選手は三段跳で十五メートル二十一を跳んで見事に優勝し、鶴田選手もまた二百メートル平泳に優勝して、

待	久しく待望して止まなかった大日章旗は君が代の奏(そう)樂につれて、オリンピック塔の竿頭高く掲げられたのである。人見選手が八百メートル競走に入賞して、日本女性のため萬丈の氣をはいたのも本大會である。  昭和七年の夏八月、第十回大會が南カリフォルニヤのロスアンゼルスに催されたことは、人々の記憶に新なところであらう。この大會に我が國は百有餘名の精銳を送り、奮闘(とう)よく七つの選手權(けん)を獲得し、大小十八本の國旗を掲げて、新興日本の實力を遺憾なく發揮した。 本大會で特筆すべきは水上競技の成績で、北村・宮崎(みやざき)等の少年選手の活躍目覺しく、六種目中五種目に優勝して見事に霸業を完成し、水上日本の名を世界にとゞろかした。

陸上に於ても、南部選手が三段跳の決勝で世界新記録を出し、西中尉（い）また大障碍（がい）馬術に優勝して、天晴、帝國軍人の意氣を示して、我が運動史を飾った。

輝くこれ等の成績に、錦（きん）上更に花を添へたものは、全競技を通じて示された日本精神であらう。正々堂々、たふれて後やむ盛なる意氣と、勝っておごらず敗れて恥ぢざる明朗なる態度と、この至高至純の精神こそオリンピック大會參加後、僅二十年に過ぎざる我が國をして、よく此の成功を收めしめたものである。

錄

天晴

【第十課】ヨーロッパの旅

一 ロンドンから

ロンドンは何と言っても世界の大都市です。テームス川を飾るタワー橋・ロンドン橋を始め、國會議事堂・大英博物館・ウエストミンスター寺院、其の他見る物聞く物たゞたゞ驚く外はありません。

昨日大英博物館を一覧しました。陳(ちん)列品の多種多様で、しかも其の數量の數限りもないのは、流石(さすが)に世界の大博物館といはれるだけあると思ひました。我が日本のよろひ・かぶと其の他の武器類もたくさん集めてあります。

混

市街を見物して私の特に感心したのは、市民が交通道德を重んずることです。往來の頻(ひん)繁な街上でも、よく警官の指揮に從って混亂することがなく、地下鐵道・乗合自動車などの乗下りにも、むやみに先を爭ふやうなことはありません。

　　二　パリーから

一昨日の朝ロンドンを出發して、午後早くパリーに着きました。

此所は流石に藝術の都として世界に聞えてゐるだけあって、建物なども一般に壯麗です。

世界最美の街路といはれてゐるシャンゼリゼーの大通には、五六層もある美しい建物が道路の兩側

に並び、車道と人道との間には、綠したゝる街路樹が目もはるかに連ってゐます。有名な凱旋(がいせん)門は此の大通の起點にあります。

繪

ルーブル博物館も一覽しましたが、りっぱな繪畫・彫刻の多いことは恐らく世界第一であらうと思ひました。又エッフェル塔にも登って見ました。此の塔は世界で一二を爭ふ高い建物で、高さが三百メートルもあるさうです。塔の中には賣店もあり、音樂堂・食堂なども設けられてあります。眺望臺で眺めると、道を往來してゐる人間や自動車などは、まるで蟻のはふやうに見えるし、さしもの大きなパリー市も殆ど一目に見えます。

三　ベルリンから

汽車でドイツの國內にはいったのは朝まだほの暗い頃でしたが、もう沿道の田畑には農夫が鍬を振るってをり、又工場といふ工場には盛に黑煙が上ってゐました。これはイギリスやフランスなどでは見られぬ光景で、私は今更ながらドイツ人の勤勉なのに驚きました。やがてベルリンに入って見ても、勤儉の美風が市民の間にあふれてゐて、彼等が大戰後に於ける自國の疲弊を回復するため盛に活動してゐるのには全く敬服しました。

疲弊

四　ジュネーブから

世界の公園といはれてゐるスイスは、到る所我が日本のやうに景色がよい。私は今ジュネーブ市のモンブラン橋のてすりにもたれて、ジュネーブ湖上の風光に見とれてゐます。るり色の水に浮かぶルソー島、湖畔(はん)に連る綠樹・白壁、はるかに紺青の空に聳えて雪をいたゞくアルプの連峯。久しく單調平凡な景色にあきてゐた私には、如何にも心地よく眺められます。

【第十一課】思ひ出の萬年筆

外遊から歸って一年程たった或日、私はつひぞ名も聞いたことのない外國婦人から、手紙と一緒に一つの小包郵便を受取った。不思議に思ひながら小包を開くと、中から丁寧(ていねい)に紙で包んだ萬年筆が現れた。「おや。」私の頭にはベルリン街上に於ける出來事が電光のやうにひらめいた。

ベルリンに着いた翌日のことである。私は各國の見物人と一緒に乗合自動車で市中を見物した。

車がウンテル、デン、リンデンの大通に止って、案内者が説明を始めると、街路樹の木陰に遊んでゐたドイツ少年達は、外國人珍しさに自動車の周りに駈寄って來た。日にやけた淺黒い顔色、人の心を刺通すやうな鋭い瞳(ひとみ)、きっと結んだ口もと、流石(さすが)はドイツの少年だなと、私は彼等の様子に見とれてゐた。

間もなく、その中の十二三歳の一少年が私に近づいて來た。そして

「どうぞ、日本のお方。」

陰
周
駈
刺

と言ひながら、小さな手帳を差出した。これまで各地を旅行する間に、少年達から署名を求められたことは一再でなかったので、私はすぐそれを受取って、自分の萬年筆で、姓名の外に、「日本東京」とわざと漢字で書いてやった。すると、横合からフランスの若い男や、カナダから來たといふ老夫婦も、「私どもも書きませう。」とほゝゑみながら、その手帳と私の萬年筆とを取って署名した。かうして汚れた手帳と萬年筆は乗客の笑聲の中に、次から次へと人々の手を渡って行った。私は自分の萬年筆が諸外國人に使はれるのを何となく愉快に感じた。と言ふのは、此の萬年筆は外遊の途に上る時、親しい友人が心をこめて贈ってくれたもので、材料といひ、細工といひ、又その使ひ心地といひ、實に申し分のない日本品であったからである。

ふと氣がつくと、自動車はいつか走り出してゐた。はっと思って振返ると、彼の少年はもう百メートルばかり後で、何か叫びながらしきりに兩手を振ってゐる。其の手に見える白いものは手帳であらう。けれども萬年筆はどうしたのか。其の行方を尋ねるのも失禮

汚
笑

贈

行方

と思って、私は其のまゝにしてしまった。かうして我が愛用の萬年筆は失はれたのである。

正

思ひがけずもかへって來た萬年筆。これは正しくあの時失ったものである。私は急いで手紙の封をきった。細細と書いた長い手紙。それを讀んでいく中に覺えず涙がにじんで來た。

見も知らぬ私から突然手紙を差上げる失禮をお許し下さい。

怪

私は去年の夏、ウンテル、デン、リンデンであなたから萬年筆を貸していたゞいたカールと申す少年の母親でございます。カールは大怪我をして、今病床に呻吟(しんぎん)してゐます。それで、私が代ってお返しいたす次第でございます。

カールはあの日、あなたの萬年筆をお返し出來なかった事を非常に殘念がりました。あの時、あなたの自動車が急に走り出したので、びっくりして後を追ひかけましたが、とうとう間に合はなかったのださうです。

直

家に歸ってから、カールは其の事ばかり心配してゐました。「ドイツ少年は不正直だ。借りた物

を其のまゝ返さないと思はれるのは、死にまさ
る恥だ。自分一人だけの恥でない。ドイツの少
年全體の恥辱だ。僕はどうしてもあの日本人
に、之を返さなければならぬ。」と、四五日の間
は毎日のやうに萬年筆を持って町に出かけまし
た。

けれども容易にあなたに遇へないので、御署名
をたよりに御住所をさがし始めました。カール
は町を通るお國の方に手帳を見せて、あなたの
御住所を尋ねました。しかし中々分らない。大
使館にも聞合はせに行きましたが、それもだめ
でした。大使館から歸って來たカールは、「あ
の日本人は僕のことを何と言ってゐるだらう。」
とくやしがりました。御住所を調べ出す手段に
は、私もカールもほとほと困ってしまひまし
た。ところがどうでせう。カールはとうとうあ
なたの御住所を探し出したのです。

一昨日のことです。カールは息せき切って家に
駈込みました。そして

　「お母(かあ)さん、わかりました、わかりまし

恥辱

遇

た。」

と言って泣いて喜びました。

カールが熱心にあなたの御住所を探してゐる事は、學校でも教會でも又お友達の間にも大評判で、親切な人達は一緒になって探してくれました。中でも一番熱心なヨハンといふお友達は、「ドイツ少年の名譽の爲にどうしても探す。」と言ってゐましたが、此の少年がとうとうあなたの御住所を「海外の友協會」の名簿(ぼ)中に發見したのです。早速私達は萬年筆の小包を造りました。そしてカールはヨハンと一緒に小包を抱へて家を飛出しました。私は微笑をもってその後を見送りました。

二人が通に出たかと思ふ時、けたゝましく警笛が鳴りました。しばらくすると、何かわめきながら、二三人の男が荒々しくはいって來ました。

人々に頭と足を抱へられながら運び込まれたのは、つひ二三分前まで、兎のやうに快活だったカールでした。可愛さうにカールは、喜びの餘り町に飛出した出會ひ頭に、自動車にひかれたので

痛

す。

カールは今病床に呻吟してゐます。そして苦痛をうったへるとぎれ勝な言葉の間にも、

「すみません、お母さん。ゆるして下さい。」

「萬年筆 ―― 小包 ―― 出して下さい。ドイツ少年の名譽 ―― お母さん ――。」

などと呼びつゞけます。

此のあたりから文字も亂れて來て、死生の境にあるカールの心中を可愛さうと思ふなら、あなたの寫眞を一枚送ってくれと結んであった。

私は直に見舞の手紙に寫眞を添へて送った。

ある秋晴の朝であった。少年から全快のしらせを受取った私は、「あゝ、よかった。」と、思はず喜びの聲をあげた。

[第十二課] 講演會の案内

候 智	拜啓。來る十日午後一時より當邑普通學校に於て、福島道順師の佛教に關する講演これあり候。既に御承知の事と存候へども、同師は夙(つと)に名僧智識のほまれ高く、佛教界に重きをなす人に候へば、其の講演は定めし有益なる事と存候。貴面にてはかねがね面民の心田開發に御努力の事に候へば、御希望の方も多かるべしと
何卒 聽	存ぜられ候。何卒多數御誘ひ合はせの上御來聽相成度、右御案内申上候。　草々

十二月二日　　　　　　　　安　昌　基

　　金　榮　大　樣

　　　　返　事

仕	御手紙拜見仕候。來る十日講演會これあり候由にて御案内下され有難く御禮申上候。仰せの如く當面にては振興會の事業として、かねて面民の心田開發に盡力致居候事とて、此の度の御催はまたとなき好機會と存候。當日は是非多數誘

ひ合はせ参上致すべく候へば、よろしく御願申
上候。先づは取敢(あへ)ず御返事まで。

拝　具

十二月三日　　　　　　　　　金　榮　大

安　昌　基　樣

[第十三課] 孔子(こうし)

聖 敬 尚

支那幾千年の人物中、大聖として長く後人に敬はれ、德化の尚今日に著しきもの、孔子に及ぶはなし。孔子は今より凡そ二千五百年前、當時の魯(ろ)即ち今の山東省(しょう)の地に生まれたり。少時より學問に勵み、長じて後、魯の君に仕へ、大いに治績を擧げしかども、奸(かん)臣の爲にさまたげられ、久しく其の職に居ることあたはずして魯を去りぬ。當時支那は數國に分れて互に相爭ひ、戰亂止むことなかりしかば、孔子大いに之をうれひ、如何にもして國家を治め、萬民の苦を救はんものと、廣く各國を巡り

て、用ひられんことを求めぬ。しかも遂に志を達することを得ざりしかば、老後は專ら力を教育と著述とに用ひたり。門人三千人、其の最もすぐれたるもの、顏淵(がんえん)・曾參(そうしん)・有若(ゆうじゃく)等七十二人なりき。

論語は、曾參と有若との門人等が孔子及び其の高弟の言行を集錄したるものにして、最もよく此の大聖の面目をうかゞふを得べし。今此の書によりて其の一端を述べん。

孔子は正義の念强き人なりき。其の言にいはく、「富貴は人のねがふ所なり。然れども正しき道によるに非ざれば、我之に居らず。貧賤(せん)は人のいとふ所なり、然れども正しき道によるに非ざれば、我之を去らず。」と。

孔子常に中正不偏(へん)を貴び、「中庸(よう)は德の至れるものなり。」といひ、「過ぎたるは及ばざるが如し。」ともいへり。又きはめて學問に熱心にして、其の好學の念の切なる、「朝に道を聞くことを得ば、夕に死すとも可なり。」といふに至れり。

述
宣

孔子は他人を正す前に先づおのれを正し、近きより遠きに及すを以て其の主義としたり。「おのれを修めて人を安んず。」とは、彼が簡明に此の意をあらはせる語なり。

憤

かつて自らいはく、「發憤しては食を忘れ、樂しんではうれひを忘れ、老の將に至らんとするを知らず。」と。其の身を忘れ、よはひを忘れて、人生の爲に盡くしたる大聖の面目、よく此の語に現れたりといふべし。

[第十四課] 法律

律
秩

法律ハ、國家トイフ共同生活ヲ、秩序アリカツ幸福ナモノニスルタメノ規則デアルカラ、イヤシクモ國民タル者ハ必ズ之ヲ守ラナケレバナラヌ。

提

法律ヲ制定スルニハ、政府又ハ貴衆兩院ノ何レカガ其ノ案ヲ作成シテ議會ニ提出スル。政府カラ提出サレタ案ハ先ヅ議會ノ一院デ討(トウ)議サレル。討議ノ形式ハ、普通第一讀會・第二讀會・第三讀會ノ三度ノ會議ヲ經ルコトニナッテヰル。即チ第一讀會デ其ノ案ヲ大體ニ調査シ、第二讀會デ

逐審

逐條ニ審議シ、第三讀會デ法律案全體ノ可否ヲ議決スル。カウシテ其ノ院デ可決スレバ、其ノ案ヲ他院ニ移ス。此所デモ同樣ノ形式デ討議シ、兩院ノ意見ガ一致スレバ、最後ニ議決シタ議院ノ議長

奏

カラ國務大臣ヲ經テ奏上スル。又貴衆兩院ノ何レカカラ提出サレタ案ハ、他ノ一院ノミデ討議シ、可決スレバ同ジ手續ニヨッテ奏上スル。ソコデ天皇ガ之ヲ裁可セラレ、公布セシメラレルト、始メ

裁

テ法律ガ出來上ルノデアル。

權(権)
項
勅

慎

測
營

法律ノ外ニ制令及ビ各種ノ命令ガアル。制令ハ朝鮮總督ガ、臣民ノ權利義務ソノ他國民生活上重要ナル事項ニツキ勅裁ヲ經テ規定セルモノデ、之ハ民情ヤ慣習ヲ異ニスル朝鮮ノ特殊事情ニ適合セシメンガ爲ニ設ケラレタモノデアル。命令ニハ勅令・閣(カク)令・省(ショウ)令・朝鮮總督府令・府縣(ケン)令・道令等ガアル。コレ等ノ命令モ國ノ規則デアルカラ、其ノ制定モ出來ル限リ慎重ナ手續ヲ經ル。タゞ法律ハ必ズ帝國議會ノ協贊ヲ經ナケレバナラヌガ、命令ニハ其ノ事ガナイ。

一國文化ノ程道ハ其ノ國民ガ國法ヲ守ル精神ノ厚薄ニヨッテ測ルコトガ出來ルトイハレテヰル。我々ハ常ニ國法ニシタガッテ幸福ナ生活ヲ營ミ、アハセテ國ノ品位ヲ高メルコトニ努メナケレバナラヌ。

[第十五課] 釋迦牟尼[しゃかむに]

釋迦牟尼は今から凡そ二千五百年前、北印度のヒマラヤ山の麓カピラ城主の世子として生まれた。

釋迦牟尼は生まれつき同情の念に厚く、何事も深く考へ込むたちであった。或時、父王に從って、君臣とともに春耕の祭を見に行った。折しも何所からともなく飛んで來た一羽の鳥が、農夫の鍬の先に掘出されてうごめく小虫を見つけてついばみ去った。これを見た釋迦牟尼は

「あゝ、生物は何故こんなにくひ合ふのか。」

といたく心をなやまし、近くの木陰に坐して静かに考にふけった。

釋迦牟尼はだんだん物思に沈むやうになった。それを見てひどく氣をもんだ父王は、釋迦牟尼に妃(ひ)を迎へ、目もまばゆい宮殿に住まはせた。しかし釋迦牟尼は城外に出る毎に、杖にすがるあはれな老人や、息もたえだえの病人、さては野邊に送られる死者をまのあたり見て、ますます世のはかなさを感じた。

邊

「人は何の爲に此の世に生まれて來たのか。我々の
　行末はどうなるだらうか。」
こんなことを次から次へと考へては、遂に心の苦し
みにたへられなくなって、
「此の上は聖賢を訪うて教を受ける外はない。」
と思ひ立つに至った。
父のいさめも妻のなげきも、此の決心をひるがへす
ことは出來なかった。かくて釋迦牟尼は二十九歳の
或夜、人知れず宮殿を出て修行の途に上った。
師を求めてあちらこちらさまよってゐるうちに、マ
ガダ國の首府王舍城の附近に來た。かねて釋迦牟尼
の德をしたってゐたマガダ國王は、修行を思ひ止ら
せようとして、自分の國をゆづらうとまで申し出た
が、釋迦牟尼の決心はどうしても動かなかった。釋
迦牟尼は更に諸國を巡歷して、聖賢といはれる人々
の教を聽いたが、どれにも滿足することが出來な
い。遂に
「もう人にはたよるまい。」
と決心して、或靜かな森へ行った。さうして父王か
ら遣(つかは)された五人の友と、六年の間種々の苦行
を試みた。

次第にやせ衰へて、物にすがらなければ立てない程になった時、釋迦牟尼はいくら苦行をしても更に効のないことを知った。そこで先づ近くの河に浴し、村の少女の捧げる牛乳を飲んで元氣を回復した。ところが此の新な態度に驚いた五人の友は、釋迦牟尼が全く修行を止めてしまったものと思って、彼を捨てて立去った。

それから釋迦牟尼はブッダガヤの緑色濃き木陰に坐して思をこらした。久しい間の迷や疑が惡魔(ま)の大軍のやうにむらがり起って、釋迦牟尼を惱(なや)まし

た。しかし釋迦牟尼は少しもひるまず、静かに考へぬいて夜を徹(てっ)した。やがて一點の明星がきらめいて、夜はほのぼのと明けそめた。その刹(せつ)那、迷の雲がからりと晴れて、はっきりと眞の道を悟り得た。釋迦牟尼は此の心境の尊さに數日の間たゞうっとりとしてゐたが、やがて此の尊い心境を世界の人々と共にせずにはゐられぬといふ慈悲の心が、胸中にみなぎり溢れた。

衰
浴
態
濃
星
悟
溢

釋迦牟尼は世を救ふ手始として、先づかの五人の友達をたづねた。かつて釋迦牟尼を見捨てた彼等も、其の慈悲圓滿の姿を見ては、思はず其の前にひざまづかざるを得なかった。彼等は釋迦牟尼の教を聽いて即座に弟子となった。

續いて釋迦牟尼はマガダ國王をたづねてねんごろに道を説聞かせ、更にカピラ城に歸って、父王や妻子を始め國民を教化して故郷の恩に報いた。

かくて釋迦牟尼は諸國を巡って熱心に道を傳へたので、其の德を慕ふ者は次第に數を増し、教はいよいよ廣く世にひろまって、遂に舍利弗(しゃりほつ)・目連等を始め數千の弟子と數萬の信者を得て、一大教團を作るに至った。

釋迦牟尼は八十歳の高年に及んでも、なほ各地を巡って道を傳へてゐたが、遂に病を得てクシナガラ附近の林中に臥(ふ)した。其の報が傳はると、これまで教を受けた人々がはせ參じて別れを惜しんだ。いよいよ臨終が近づいた時、釋迦牟尼は泣悲しんでゐる人達に、

臨

「私は行はうと思ったことを行ひ盡くし、語らうと
思ったことを語り盡くした。これまで説いた教そ
のものが私の命である。私のなくなった後も、め
いめいが其の教をまじめに行ふ所に私は永遠に生
きてをる。」
と諭して静かに眼を閉ぢた。

[第十六課] 青の洞門

豐前(ぶぜん)の中津(なかつ)から南へ十二キロ、激流岩をかむ山國川を右に見て、川沿の道をたどって行くと、左手の山は次第に頭上にせまり、遂には道の前面に突立って人の行手をさへぎってしまふ。これからが世に恐しい青のくさり戸である。それは山國川に沿うて連なる屛風のやうな絶壁をたよりに、見るから危げな數百メートルのかけはしを造ったものであるが、昔から之を渡らうとして水中に落ち、命を失った者が幾百人あったか知れない。

亨保(きょうほう)の頃の事であった。此の青のくさり戸にさしかゝる手前、道をさへぎって立つ岩山に、毎日々々々根氣よくのみを振るって、餘念なく穴を掘ってゐる僧があった。身には色目も見えぬ破れ衣をまとひ、日にやけ仕事にやつれて、年の頃もよくわからぬくらゐであるが、きっと結んだ口もとには意志の強さが現れてゐる。

僧は名を禪海(ぜんかい)といって、もと越後(ゑちご)の人、諸國の靈場を拜み巡った末、たまたま此の難

所を通って幾多のあはれな物語を耳にし、どうにか仕方はないものかと深く心をなやました。さていろいろと思案したあげく、遂に心を決して、たとへ何十年かゝらばかゝれ、我が命のある限り、一身をさゝげて此の岩山を掘拔き、萬人の爲に安全な路を造ってやらうと、神佛に堅くちかって此の仕事に着手したのであった。

之を見た村人たちは、彼を氣違扱ひにして相手にもせず、たゞ物笑の種にしてゐた。子どもらは仕事をしてゐる老僧のまはりに集って、「氣違よ氣違よ。」とはやし立て、中には古わらぢや小石を投げつける者さへあった。しかし僧はふりかへりもせず、たゞ黙々としてのみを振るってゐた。

其の中に誰言ふとなく、あれは山師坊主(ぼうず)で、あのやうなまねをして、人をろうらくするのであらうといふ噂が立った。さうして陰に陽に仕事のじゃまをする者も少くなかった。しかし僧はたゞ黙々としてのみを振るってゐた。

かくて又幾年かたつ中に、穴はだんだん奥行を加へ

て、既に數十メートルといふ深さに達した。

此の洞(ほら)穴と、十年一日の如く黙々としてのみの手を休めない僧の根氣とを見た村の人々は、今更のやうに驚いた。出來る氣づかひはないと見くびってゐた岩山の掘拔も、これではどうにか出來さうである。一念こった不斷の努力は恐しいものであると思ひつくと、此の見る影もない老僧の姿が、急に尊いものに見え出した。そこで人々はいっそ我々も出來るだけ此の仕事を助けて、一日も早く洞門を開通し、老僧の命のある中に其の志を遂げさせると共に、我々もあのくさり戸を渡る難儀をのがれようではないかと相談して、其の方法をも取りきめた。

其の後は老僧と共に洞穴の中でのみを振るふ者もあり、費用を喜捨する者もあって、仕事も大いにはかどって來た。しかし人は物にうみ易い。かうして又幾年か過す中に、村の人々は此の仕事にあきて來た。手傳をする者が一人へり二人へりして、はては又村人全體が此の老僧から離れるやうになった。

けれども老僧は更にとんじゃくしない。彼の初一念は年と共に益々固く、時には夜半までも薄暗い燈を

益

便りに、經文をとなへながら一心にのみを振るふことさへあった。

貫　老僧の終始一貫した根氣は、遂に村の人々を恥ぢさせたものか、仕事を助ける者がまたぼつぼつと出來て來た。かうして、老僧が始めて、のみを此の絶壁に下してからちょうど三十年目に、彼が一生を捧げた大工事が見事に出來上った。洞門の長さは實に百八十メートル餘に及び、川に面した方には所々にあかり取りの窓さへうがってある。

今では此の洞門を掘りひろげ、所々に手を加へて舊態を改めてはゐるが、一部は尚昔の面目を留めて、禪海一生の苦心を永久に物語ってゐる。

[第十七課] 高僧の言行

	一　鐘の音
曉	曉の静けさを破って、あけの鐘が殷々(いんいん)と鳴り響く。じっと耳を澄まして聞いてゐた奕堂和尚(えきどうおしょう)は、つと起って侍(じ)僧を呼び、鐘つく者が誰であるかを確めさせた。するとそれは思ひがけずも新參の僧であった。和尚は早速これを膝下に招いて、
曉	「今曉の鐘は如何なる心持でついたか。」 と尋ねられた。 　「別にこれといふ心持もなく、たゞ鐘をついたばかりでございます。」 　「いや、さうではあるまい。何か心に念じてゐたであらう。鐘をつくならさうありたい。誠に貴い響であったぞ。」 　「もったいなう存じます。申し上げる程の事でもございますまいが、國許の師匠(しょう)が鐘つかば
許 佛	鐘を佛と心得て、それにそふだけの慎みを忘れてはならぬと、常々戒めて下さいました。その師のお言葉を思ひ浮かべて、鐘を佛と敬ひ、禮拜しつゝついたばかりでございます。」

和尚はしみじみと其の心掛を賞して、

「終生、萬事に處して今朝の心を忘るなよ。」

と戒められた。此の僧こそは近代の高僧森田悟由大禪(ぜん)師であった。

朝な夕なに、なれてつく鐘の一韻(いん)にさへ、かほどまで敬虔(けん)の念をこめた古人の心遣ひは如何にも尊い。

二　清掃の心

京都東福寺の鼎洲(ていしう)和尚が、或日、山門内で松の落葉を一つ一つ拾ってをられた。これを見た侍僧の一人が

「お手づから一つ一つお拾ひになるにも及びませぬ。どうせ後程掃かせますから。」

と聲をかけた。和尚はつくづくと侍僧の顔を見て、

「今の言葉は修行する者の心持ではあるまい。どうせなどと後を當にするやうではいかぬ。一つ拾へば一つだけきれいになるのぢゃ。」

と戒められた。

掃除、言ひかへれば清淨(じょう)は實に此の心でなけ

ればならぬ。箒を持った時にのみ掃除があるのではない。一塵の心にとまった時、その一塵を取去って、清淨となすところに眞の掃除がある。

三　一葉の小

雲門大師が門前の流れで菜を洗ってゐた時、思はずその葉を一枚流した。大師はあわてて一生懸命にこれを追ひかけ、やうやうのことで拾ひ上げた。これを見た或人が

　「菜の葉一枚位にそれ程までに御苦勞なさるのは、
　　どういふわけでございますか。」

と尋ねた。大師は

　「一莖の大なるも、一葉の小なるも、等しくこれ天
　　與であって、人を養はんが爲である。小なりとて
　　之をすてて顧みないのは、天恩を忘れ、人道にそ
　　むく所以ではないか。百粒の米も一粒より生じ、
　　一滴の水もよく長江の大をなす。」

と教へられた。この大精神に取扱はれる一粒一葉こそ、眞に道を修める人の生命を養ふに足る尊い心身の糧(かて)といふべきである。

［第十八課］國境だより

拜復。眞心こもる御慰問狀並びに御慰問の品品をいたゞきまして、誠に有難うございました。昨夜おそく江岸の警戒から歸って來て、こほった防寒衣をぬぎもあへず、繰返し繰返し拜見いたしました。數ならぬ者に、かくまでお心をおかけ下さいまして、たゞたゞ感謝の外ありません。

さて、當駐在所は鴨綠江の上流約三百キロ、人煙稀な奧地にあります。本署までは十八キロ餘、隣接の駐在所へも七八キロあります。繁茂期が過ぎたと思ふ間もなく、早くも結氷期が訪れて、鴨綠江はいたる所自由に渡れるので、國境警備陣（じん）は日增しに緊張を加へて來ました。既に線外や第二線からの增員配置もすんで、いよいよ第一線の陣容は整ひましたが、限りある人員で、江岸十數キロの警戒に當

嚴

監 辛

瞬

らなければならぬので、少しの油斷も出來ません。そこで所員一同は、一步も國境をおかさせじと、嚴重に警戒いたしてをります。

零下三十餘度の暗夜の氷上で、文字通り不眠不休の監視をつゞける警備の辛苦は、到底想像も及びますまい。身は厚い防寒衣でかためてゐても、刺すやうな寒氣に、先づ銃を持つ手がこゞえ、足先がしびれて、此のまゝ五體までこほるのではないかと思はれます。しかも瞬時も心をゆるせぬのは此の時です。氷のさける音にも心をひきしめながら、犬の子一匹見逃さじと、目をみはり耳をすまして警戒をつづけます。

「不自由はありませんか。」との親切なお尋ねでございますが、國境道路も既に完成して、交通の便は日增しに開け、物資の供給も醫療の設備も昔日の比でなく、日常の生活に事かくことはありません。それに皆樣から、折にふれ時につけて、眞心こもる御慰問の品々までいただきますので、子供達もさびしいとも

言はず、元氣に過してをりますから、他事な
がら御安心下さい。この上は身におふ國境警
備の重任に心を勵まし、一筋にお國の為に御
奉公申し上げて、皆樣の御期待にそふやう努
力いたします。

一しきり吠立ててゐた犬の遠吠もやんで、國
境の夜はしんしんと更けて行きます。氣温も
餘程下ったか、ともすればペンの字がかすれ
ます。さぞ御地も寒氣がつのることでせう。
どうぞ御身大切に、專心御勉學に勵まれます
やう、先づはお禮をかね國境警備のあらまし
をお知らせ申し上げます。敬　具

　　十二月二十五日　　　　岡 村 太 郎
　　　　朴 安 龍 樣

郎

【第十九課】製紙工場を見る

四温日和の昨日の午後、叔父さんと一緒に麻田洞(までんどう)の製紙工場を見に行った。

事務所を訪れ、來意を告げてお願ひすると、こゝろよく承諾して下さった。

やがて技師の大森さんの案内で、木の香のたゞよふおが屑の間を通って工場へ向かふ。はるか江岸までひろがる貯木場には、木材が山のやうに積まれてゐる。叔父さんが「龍吉、あれはみんなとうひ・しらべ等の鴨緑江材だよ。」と教へて下さる。

間もなく、とある建物の前に出た。大森さんは「此所は調木室です。」と言ひながらはいって行かれる。ご

うごうと鳴る機械の響に消されて、説明の言葉は聞取りにくい。唸(うなり)をたてて廻る回轉鋸。直徑四十センチ、長さ六メートル餘の原木が、瞬く間に一メートル位づつに切斷され、側

屑

瞬
側

の鉋削(ほうさく)機といふ機械に呑まれるやうには

いって行く。機械の他の口からは、細かく刻まれて

原木の面影もない木片が絶えず流れ出、電氣装置の

運搬器で隣の室へ運ばれて行く。

次の室には、高い天井から直徑五メートルもある鐵

釜 製の釜のやうなものが下ってゐる。私は不思議の餘

り尋ねた。

「叔父さん、何でせう。大きなものですね。」

大森さんは之をひきとって、

「木片を蒸す釜です。藥品を加へて八九時間蒸す

柔 と、木材の組織はこはれて柔かになります。それ

を更に次の室へ送ります。」

階 階段を上って行くと、脚下には縱橫十メートル、深
縱 さ二メートルもある溜槽(ためをけ)があって、釜から

送って來た綿屑のやうな原質で一ぱいである。二人

の人夫がせっせと運搬器に盛上げてゐる。

傾 運搬器にそうて傾斜した廊下を上る。大森さんはつ

まみ上げた原質をいぢりながら、

「御覧の通り大分柔かくなったが、まだ纖維(せん

い)もあらいし、交り物もあって、此のまゝではとても抄(しょう)紙機にかけられません。それで完全原質にするには、纖維をときほぐしたり、切斷してそろへたりしなければなりません。其所では專らさうした作業をしてゐます。」

水車のやうな機械や、室の半以上を占める木製の淺い箱、さてはひき臼に似た大きな機械等が順序よく配置されてゐる。それ等の間を曲折しながら、静かに流れてゐる灰色の原質は、次第に白くなり細かになり、遂には糊(のり)のやうな液汁となって次の室へ送られて行く。

此の室には長さ二十メートル、幅四メートルもある一見輪轉機のやうな大きな機械が横たはってゐる。「あゝ、これが抄紙機だな。」と叔父さんは獨り言のやうにおっしゃる。大森さんが

「さうです。これが抄紙機で、製紙には一番肝要な機械です。此の金網が帶のやうに張られてゐる部分は紙を抄(す)く所で、このやうに完全原質が金網の上を流れて行く間に、その纖維はからみ合っ

燥

減

耐
優

て大體紙になります。それが此のローラーの間を通って行く中に、水分はしぼり取られ、あの大圓筒(とう)の間にはいると、蒸氣の熱ですっかり乾燥し、つやが出て、始めて立派(ぱ)な紙になるのです。」

見ると機械の一端から、つやつやした茶色の紙が流れ出、それがするすると巻取機に巻かれてゐる。大森さんの話では、抄紙機一分間の製紙速度は百メートル餘で、紙の厚さは速度の加減で自由に出來るさうである。私は精妙な機械のはたらきに、しばらくは我を忘れて見とれてゐた。

やがて事務室に歸って一休みした。大森さんは、あたゝかに燃えるストーブに手をかざしながら、原木から紙になるまでは凡そ二十時間を要すること、此の工場の一箇年の製産高は千六百萬キログラム餘に達し、製品は耐久力に優れてゐるので、包裝紙としては他に比類が無いことなどをいろいろ話して下さった。

【第二十課】 蟲のはたらき

蠶が繭を造り、蜜蜂が蜜を釀(かも)すやうに、蟲には不思議なはたらきをするものが多い。

北アメリカに收穫蟻といふ珍しい蟻がゐる。春雨の後で蟻の米と呼ばれる植物が芽を出すと、此の蟻は早速、周圍の雜草の芽を殘らずかみ切って圓い畑を作る。畑の大きなものは直徑七メートルもある。蟻は毎日根氣よく畑廻りをして、雜草一本はやさない。秋になると、永い間の勞苦

は報いられて、蟻の米はゆたかに實る。やがて熟して落始めると、今度はいよいよ收穫にかゝるのである。

普通の蜘蛛(くも)は網を張る場所をほとんど變へないが、ブラジルには毎日場所をかへる蜘蛛がゐる。此の蜘蛛は日の出る二三時間前に網をかついで巢を出、天氣模樣や風向などを考へ、小虫の來さうな藪(やぶ)かげなどに網をひろげてりょうにかゝる。やがて太陽が地平線に顔を出すと網をはづし、丁寧(ていねい)に折りたゝんで、さっさと巢に持ちかへる。獲物は巢の中でゆっくり食べると言ふことである。

転

かんかん照りつける夏の日、牛や馬の糞（ふん）にた
かって玉をつくってゐる蟲がある。頭や前脚（あし）で
糞をこはし、かき集めては腹の下に押入れ、巧にま
るめる。玉は見る見る大きくなって行く。いよいよ
出來上ると、後脚を玉にかけ、後向きになって轉し
始める。玉はからだより大きいので、僅の坂にか
かってもなかなか登れない。いま一息といふ所で、
玉もろともに轉り落ちることも珍しくない。やがて
適當な場所を見つけると穴を
掘つて、土の中に埋める。か
うして貯へた玉は自分の食用
にしたり、又幼虫を育てるの
に用ひたりする。

我が國でこの蟲の居るのは朝鮮と臺灣だけで、我が
半島には、「のこぎりだいこく」・「ちょうせんくろひ
らたこがね」の二種が居る。

[第二十一課] 朝鮮ノ工業

我ガ朝鮮ノ工業ハ農業・鑛業・林業等ノ發達ト軌(キ)ヲ同ジウシテ、今ヤ其ノ面目ヲ一新スルニ至レリ。

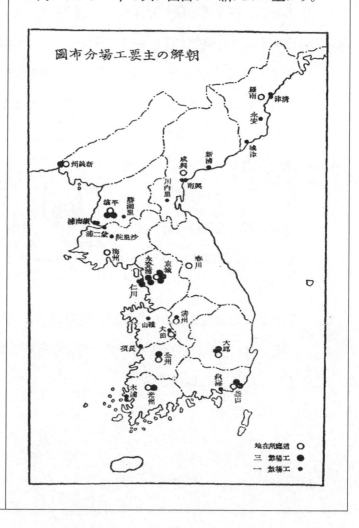

朝鮮の主要工場分布圖

促

紡織

絲

醬
匹

賃

總督府ハ施政ノ初メヨリ、或ハ中央試驗所ヲ置キテ各種ノ調査研究ヲ行ヒ、或ハ工業教育機關ヲ設ケテ知識技能ヲ授ケ、之ガ指導獎勵ニ努メタリシカバ、年ヲ追ウテ技術ノ進步、製品ノ改良、產額ノ增加ヲ促シ、最近ハ各種ノ大工場相次イデ設置セラルヽニ至レリ。

從來專ラ農家ノ副業タリシ紡績・紡織業等ハ、既ニ工場工業ノ域ニ進ミ、棉ノ產出多キ南鮮ニハ紡績・紡織ノ工場ソノ偉容ヲ並ベ、又養蠶ノ普及ニ伴ヒ、各地ニ製絲工場ノ煙突黑煙ヲハク。

肥料ノ自給自足ハ農業日本ノ一大緊急事ナリ。サレバ此ノ目的ニソハンガタメ、興南ノ地ニ窒(チッ)素肥料工場ノ建設ヲ見タリ。規模ノ廣大、生產ノ多量、實ニ世界有數ノ大工場タリ。

釀(ジョウ)造業モマタ半島屈指ノ工業ニシテ、醬油・酒・ビール等ハソノ品質殆ド內地ノ優秀品ニ匹敵シ、數量マタ鮮內ノ需要ヲ滿タサントスル狀況ニアリ。

以上ノ外セメント製造・ゴム靴製造・製紙・製油等ハ需要ノ增大、原料ノ豐富、賃銀ノ低廉ソノ他幾多

ノ好條件ニ惠マレテ、近時ノ發展見ルベキモノアリ。殊ニ刮(カツ)目スベキハ製油業ナルベク、隣邦滿洲國トノ交通至便トナルヤ、原料ヲ滿洲大豆ニ仰グ斯(シ)業ハトミニ勃(ポッ)興ノ氣運ニ向カヘリ。
朝鮮工業ノ前途ハ實ニ洋々タルモノアリト言フベシ。

[第二十二課] トマス、エジソン

電燈が發明されたのは、今から約百二十餘年前のことである。當時は單に理化學の實驗用として使用されるに過ぎなかったが、次第に改良されて、四五十年の後には燈臺などに据付けられるに至った。然しこれは今日のアーク燈に類するものであって、公園・街路等の照明用としては適當であるが、室内に使ふには、大仕掛で光力が強過ぎて、實用に適しない。これ等の缺點のない電燈の出現は當時の人々の最も希望する所であった。

かねて此の希望をみたさうと思ってゐたトマス、エジソンは、既に電話機に關する發明に成功したので、更に進んで新らしい電燈の發明に從事した。彼の稀代の天才はこゝにも遺憾なく發揮されて、着々成功の域に進んだが、唯、心だけは彼が最も苦心した所であった。

初め彼は紙に炭素を塗って試みた。しかし思はしい

据

缺(欠)

塗

結果が得られない。次いで白金その他の金屬の針金で樣樣の實驗を重ねたがこれもまた失敗に終った。そこで再び炭素線の研究に沒頭したけれども、徒に多くの時日と金錢を費したに過ぎなかった。

或日のこと、エジソンはいつものやうに實驗室に閉ぢこもって研究に餘念がなかった。ふと見ると机の上に形の珍しい團扇(うちは)が一本ある。何氣なく手に取って眺めてゐた彼の眼は異樣に輝いた。彼が眺め入ったのは繪でもなく、紙でもなく、實に團扇に使つてゐる竹であった。

彼は直に竹で炭素線を作って實驗した所が、豫想以上の好結果を得た。そこで彼は人を世界の各地に派遣して竹を採集させた。各人が持って來たものに就いて綿密に研究してみると、日本の竹が最も適當であったので、專ら之によって心を作り出した。かうして、其の電球は忽ち世界に廣まったのである。

エジソンの發明したのは電話・電燈・電信・電車・活動寫眞・蓄音機に關するものなど極めて多く、アメリカで特許を得たものだけでも其の數は實に千餘に及んでゐる。今日文明の利器と稱せられるもの

徒

派遣

註

で、直接間接に彼の天才によらないものは殆どない

と言ってよい。

[第二十三課] 恩人碑

辨(弁)	箱根蘆之湯(あしのゆ)辨天山の上に、恩人碑と題する古い石碑が立ってゐる。春風秋雨百有餘年、顧みる人もなく空しく叢(くさむら)の中に埋もれてゐたが、碑と共に之をめぐるくしくも美しい報恩の美談が、やうやく世に現れるに至った。
病 欺 負	安永の頃、雨森宗眞(そうしん)といふ江戸の若者が、こゝ蘆之湯に病を養ってゐた時の事である。たまたま泊り合はしたよからぬ男に欺かれて、所持の金を使ひ果した上、多額の借金まで身に負うた。

間もなく宗眞は江戸に歸った。しかし、負債の重荷に苦しむ彼の心は前にもまして重く、欝々（うつうつ）として樂しまない。やさしい家人の言葉にも胸の秘密はあかされず、道ならぬ負債故に親に打明けることも出來ない。かゝる間にも、債權者の催促はいよいよきびしい。進退きはまって、親類緣者に援助を乞うたが、「かゝる借金の始末には應じ難い。」とすげなく斷って、一人として顧みてくれる者もない。

一日、父の知人の堺屋嘉兵衞（さかひやかへゑ）といふ者が訪れて來た。嘉兵衞はうちしをれた宗眞の樣子に不審を抱き、言葉やさしく事の由を尋ねた。

涙ながらに語る宗眞の打明話を聞いて、嘉兵衞はいたく窮狀に同情し、百方奔走の末、遂におのが家産を傾け盡くして彼の急を救ってやった。

かくて宗眞は骨肉も及ばぬ嘉兵衞の援助で、危く窮地を脱することが出來た。彼は嘉兵衞の義俠（きょう）に感激すると共に深くわが身の過を悔い、新に志を立ててひたすら學問にいそしんだ。然るに恩人嘉兵衞は幾何もなく病にたふれ、遺された妻女は遺兒を携へ、故郷さして遠い西國の旅に上り、其のまゝ消息をたってしまった。

關

秀

蓍

泉

月日に關守なく、二十年の歲月は夢の間に過ぎた。この間に宗眞の學問はいよいよ進み、たゞに名醫たるのみならず、又詩文に秀で、儒(じゅ)者としても詩人としても、普く其の名を知られるに至った。

再生の恩人嘉兵衞を慕ふ宗眞の心は、おのが名の著れるにつれていよいよつのった。せめては此の感謝の心を遺族に捧げたい。かう念じながら、彼は百方手をつくして其の行方をさがした。しかし、せっかくの彼の苦心も容易に報いられなかったのである。

或年、宗眞は旅のついでに蘆之湯を訪れた。此所の谷、彼所の峯にはおそ咲の櫻が春の名殘をとゞめ、若葉の陰に鳴く鶯(うぐひす)の聲ものどかである。鶯坂を過ぎれば、眼前には蘆湖が神秘の色を宿して靜かにたゝへ、富士は萬古の雪をいたゞいて頭上高く聳えてゐる。この悠久な自然に對して、ゆくりなくも彼の胸には、二十年前の昔がよみがへるのであった。もしもあの時、嘉兵衞の救助が無かったならば、今日再び富士の秀麗を仰ぐことも出來なければ、溫泉に浴して旅の疲をやすめることも出來なかったのである。然るに、我が命の恩人嘉兵衞は既に此の世になく、せめてもと思ふ妻子も消息を絶って、今は行方を知る由もない。そくそくと湧く追慕と感謝の情に、彼は身動きもしないで立ちつくした。

此の止み難い追慕と感謝の情から、宗眞は遂に恩人碑の建設を思ひ立ったのである。碑面を埋める文字は宗眞自らの筆になる恩人碑建設の由來と、彼が嘉兵衛の恩義に捧げる感謝の至情で、その切々の情は、讀む人をして感にたへざらしめるものがある。

世に銅像や記念碑の類は珍しくない。しかして規模の大、結構の妙、以て永く後世に傳ふべきものも少くない。しかしながら、此の恩人碑の如く恩人の死後二十年の後、止み難い報恩感謝の一念から建てられたものは、そもいづこに之を求めることが出來よう。眞に此の恩人碑こそは、嘉兵衛の義俠と、宗眞が報恩の美德を百世の後に傳へるものである。

[第二十四課] 肉彈三勇士の歌

網

戰友の屍(かばね)を越えて

突擊す、み國の爲に。

大君に捧げし命。

あゝ忠烈、肉彈三勇士。

廟行鎭(びょうこうちん)鐵條網を

爆破せん、男兒の意氣ぞ。

身に員へる任務は重し。

あゝ壯烈、肉彈三勇士。

爆藥筒(とう)擔(にな)ひて死地に

躍進す、敵壘(るい)近し。

轟(ごう)然と大地はゆらぐ。

あゝ勇猛、肉彈三勇士。

突擊路今こそ開け。

日章旗、喊(かん)聲あがる。

煙募(まく)の消去る上に。

あゝ軍神、肉彈三勇士。

【第二十五課】扶餘〔ふよ〕

旅人よ心して踏め古の

　　百濟(くだら)の瓦石にまじれり

百濟の舊都扶餘に着いたのは朝の九時すぎ、日陰にはまだ霜が白く殘ってゐた。

李さんの案內で先づ陳(ちん)列館に行って、瓦や佛像などを見る。庭前に並ぶ礎(そ)石や石佛などは、千年の昔をしのばせる。

館の横から迎月臺に向ふ。松林を通り拔けて行くことしばし、臺上の軍倉趾(し)に着く。枯芝(しば)におほはれた一面の荒地で、足もとを掘ると、今なほ燒け殘った眞黒な米や麥が出て來る。

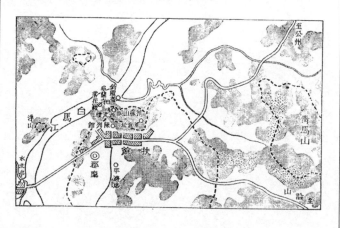

（欄外）霜

附近の畑には瓦の破片が無數に散らばって、その間に麥が二三センチのびてゐる。李さんは東方を指さして、

「あの公州、論山兩街道にはさまれた高い山がありませう。あれが青馬山で、欽明（きんめい）天皇が勇武の將士數百人を遣し、あの山に城を築いて扶餘を守らしめ給うた城趾です。」

と云って、日本と百濟の關係について話される。

引返して送月臺に向かふ。山城の門のほとりを過ぎ、さむざむと立並ぶ落葉松（からまつ）林をくぐり、臺上の泗泚樓（しゝろう）にのぼる。錦（きん）江は洋々と流れて脚下をめぐり、江岸の舊跡は指呼の間にある。

けはしい坂道を下って落花巖(がん)上に出た。唐(とう)と新羅の聯合軍に包圍され、遂に半月城の守りが破れた時、逃れる術もない宮女達は、落花のやうに此の巖上から江に身を投じたさうである。其のいたましい傳説を思ひ浮かべながら更に下ると、江に臨んだ小さい寺に着く。皐蘭(こうらん)寺である。寺の縁先に腰を下して用意の辨當を食べ、岩間に湧く清水を飲んだ。昔この泉の水は王の御料になったとか。軒端の風鈴が川風にさびしく鳴る。

寺の下で舟に乗る。少しさかのぼると、岩壁近くの淵(ふち)に釣龍臺(ちょうりうだい)といふ怪岩がある。岩上には、百濟を亡した唐將蘇定方(そていほう)が、白馬を餌にして龍を釣った時の綱の跡だといふくぼみがついてゐる。「隨分大きな綱だったのですね。」と言ふと、李さんは笑ひながら、「白馬江の名はそれから起ったのです。此所には宗(そう)魚といふ珍しい魚がゐます。」と話される。舟はへさきを回らし、池のやうに静かな水面を櫓(ろ)音もかろく下って行く。舟行三キロばかり、風光の美で名高い水北亭(てい)に着く。

亭下は、昔、大王浦と呼ばれて王が清遊された所、浮山の影がやはらかにうつってゐる。舟橋を渡って平濟塔へ急ぐ。

五層十メートル餘の大石塔が、枯芝の廣場に突立ってゐる。之が名高い平濟塔で、折からの夕陽を浴びて、あざやかな陰影をゑがき出してゐる。塔の初層の四方には、蘇定方をたゝへた文字がぎっしり彫りつけてある。

吹く風も身にしみる枯野原に、百濟の昔を偲んで立ちつくす。日は既に山の彼方に沈んで、暮色が次第に迫ってくる。

浮

暮

【第二十六課】朝鮮統治

韓併旨詔
礎
圖

日韓兩國併合して一家の親を結ぶに至りしは明治四十三年八月にして、其の趣旨は當時渙(かん)發せられたる詔書に明かなり。即ち朝鮮の秩序公安を確立すると共に、産業及び貿易の發達をはかり、以て民衆の幸福を增進し、東洋平和の基礎を鞏(きょう)固にせんとするにあり。

併合の大業成るや、帝國政府は統治の新制を定め、朝鮮總督をして諸般の政務を統轄(かつ)せしめ、大いに庶(しょ)政を更新し、秩序を回復し、文化の發達を圖り、又生命財産を保護して民心を振作し、特に産業の開發と民力の涵(かん)養とに力を致せり。

爾(じ)來、歴代の總督は一視同仁の聖旨を奉じて意を
統治に用ひ、局に當る者また精勵よく國土の開發と
民衆の福利増進とに努む。かくて制度整ひ文物備
り、人文日に進み、各種の産業また長足の發達を遂
げ、施政わづか二十餘年にして、よく昔日の面目を
一新し、人をして隔(かく)世の感にたへざらしむ。

試に其の一面をうかゞはんに、山は年々綠を加へて
山容ために改り、水利の業成りて沃(よく)野ひらけ、
鐵道は南に北に遠く延び、電信・電話また四方に通
じて、今や文明の惠澤(たく)は山間僻(へき)地に及
ぶ。もしそれ各種産業の盛況に至りては、最近の總
生産高十數億圓の多きに上りて、施政當初の七倍に
達せんとし、貿易額また十倍を越ゆ。誰か進歩の目
覺しきに驚歎せざらん。

殊に近時、教育教化の普及に伴ひて、國民の自覺いよ
いよ深まり、統治の精神上下に徹(てつ)して、勤勞好
愛の美風都鄙(ひ)にみなぎり、老若男女、相率る相勵
まし、欣(きん)然、一家の更生と部落の振興とにいそ
しむ。かくて半島の山野は天空明朗にして生氣あふ
れ、其の前途は無限の希望と光明とに輝くに至れり。

驚

若

【第二十七課】東郷元帥【すい】

谷嚴頭

昭和九年六月五日、東郷元帥と永遠に別れる國葬が東京日比谷公園で嚴かにとり行はれた。

葬場には、勅使・御使をはじめ文武百官眼を伏せ頭を垂れて盛儀に列し、英米諸國は軍艦を派遣し、司令官及び儀仗（じょう）兵を參列せしめた。領海内にある帝國軍艦から發する弔（ちょう）砲は天に轟（とゞろ）き、全國民は黙禱（とう）を捧げて元帥の冥（めい）福を祈った。

弘化（こうか）四年十二月、元帥は九州の南端、鹿兒島（かごしま）に呱々（こゝ）の聲をあげた。名は平八郎。維（い）新の際には春日（かすが）艦に乗組んで新潟（にひがた）・函館（はこだて）に轉戰。その後、命をうけて英國に留學し、留ること六年、深い研究を積んで歸朝し

留

た。かくて日清の役には浪速(なには)艦長として奮戰、大いに智謀(ぼう)果斷をたゝへられ、次いで日露の大戰起るや聯合艦隊司令長官となって、皇國の興廢をかけた日本海大海戰に、千古未曾有(みぞう)の大勝を博し、名聲を全世界にうたはれた。然るに元帥は、この度の勝利は一に明治天皇の御稜威(みいつ)と天佑(ゆう)神助の賜(たまもの)であり、かつ勇武なる部下將兵の勳(くん)功によるとして誇の色もなく、沈默殆ど一言も語らず、凱旋(がいせん)にあたっては先づ艦隊を率ゐて伊勢(いせ)灣に入り、皇大神宮に戰勝を奉告した。元帥は世に稀な名將であるのみならず、德望また一世に秀でた偉人であった。天皇陛下が未だ東宮にわたらせられた時、元帥は選ばれて榮ある東宮御學問所總裁の大任にあたった。

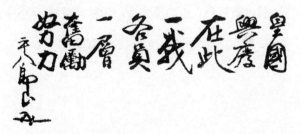

率 頸(頚)	おろかなる心につくすまことをば 　　みそなはしてよ天(あめ)つちの神 六十八歳の老軀(く)も顧みないで就任した折の述懷(かい)てある。一首のうちに溢れるつゝましい純忠至誠の精神は、讀む人をして感激の涙を浮かべしめる。 元帥は此の誠の心を以て、大正三年以來七年の長きにわたり、酒を禁じ煙草をたって、ひたすら身をつゝしみ、終始一貫、所員統率の務に勵んで其の重大な職責を果した。大正十五年十一月、元帥は大勳位菊花章頸飾を拜受した。これは我が國最高の勳章で、臣下として此の光榮に浴したのは實に元帥が最初である。 出でては護國の名將となり、入りては帝王の師傳(ふ)として、元帥は八十八年の一生をたゞ盡忠奉公の至誠に貫いた。この偉大なる精神は千載(ざい)の後までも輝き、我等國民をして感奮興起せしめるであらう。

[第二十八課] 新日本

初

輝く太陽の光にも、もえ初めた木々の緑にも、春のいぶきがいきいきと感じられる。春が來た、物みなが新しい榮に向ふ春が來た。此の若き力に溢れる天地の春こそは、伸びゆく日本のすがたであらう。

隆

神代の昔、天孫瓊瓊杵尊(にゝぎのみこと)は神勅を奉じて大八洲(おほやしま)に御降臨遊ばされた。萬世一系(けい)、天壤無窮の皇運こゝに始り、世界に類のない大日本帝國の基は實にこゝに定ったのである。

基

爾(じ)來連綿として三千年、列聖は絶えず仁政を垂給ひ、畏(かしこ)くも萬民を赤子と愛撫し給うた。かたじけない御歴代の御聖德を仰いで、代々の國民は天皇を神とあがめ親と慕ひ奉り、「海ゆかば水(み)づく屍(かばね)、山ゆかば草むす屍、大君のへにこそ死なめ、かへりみはせじ。」と、身をすて家をすてて、忠君愛國の赤誠を捧げた。

伸

かくて國は榮えに榮え、民はいよいよ安く、殊に明治維(い)新を經、日清・日露の戰役に未曽有(みぞう)の大勝を博してより、國力の伸張目覺しく、外國と

の交りは年毎に深きを加へ、國威は朝日の昇るが如く赫々(かくかく)として西海に輝く。

昭和八年十二月二十四日早曉、高光る日嗣皇子(ひつぎのみこ)が御降誕遊ばされた。此のよき日を迎へて、九千萬の國民は歡天喜地、若き皇子の彌榮(いやさか)をことほぐ萬歲の聲は、天にとどろき地にこだましました。

あゝ、寶祚(そ)無窮、國運隆々。豐葦原瑞穗國(とよあしはらのみづほのくに)は、今ぞ無限の榮に向かふ。

み民われ生けるしるしあり天地(あめつち)の
榮ゆる時にあへらく思へば

終

昭和十年九月二十八日翻刻印刷
昭和十年九月三十日翻刻發行

普通國語十二

定價金十六錢

著作權所有

發行所

著作兼發行者
京城府大島町三十八番地

朝鮮總督府

翻刻發行兼印刷者
代表者　井上主計

京城府大島町三十八番地

朝鮮書籍印刷株式會社

京城府大島町三十八番地

朝鮮書籍印刷株式會社

▶ 찾아보기

편자소개(원문서)

김순전 金順槇

소속 : 전남대 일문과 교수, 한일비교문학·일본근현대문학 전공

대표업적 : ①저서 : 『韓日 近代小說의 比較文學的 硏究』, 태학사, 1998년 10월

②저서 : 『일본의 사회와 문화』, 제이앤씨, 2006년 9월

③저서 : 『조선인 일본어소설 연구』, 제이앤씨, 2010년 6월

박제홍 朴濟洪

소속 : 전남대 일문과 강사, 일본근현대문학 전공

대표업적 : ①논문 : 「메이지천황과 學校儀式敎育-국정수신교과서를 중심으로」, 『일본어문학』 28집, 한국일본어문학회, 2006년 3월

②논문 : 『보통학교수신서』에 나타난 忠의 변용, 『일본문화학보』 34집, 한국일본문화학회, 2007년 8월

③저서 : 『제국의 식민지수신』－조선총독부 편찬 <修身書>연구－ 제이앤씨, 2008년 3월

장미경 張味京

소속 : 전남대 일문과 강사, 일본근현대문학 전공

대표업적 : ①논문 : 「일제강점기 '일본어교과서' Ⅰ기·Ⅳ기에 나타난 동화의 변용」『日本語文学』 52집, 한국일본어문학회, 2012년 3월

②편서 : 學部編纂 『日語讀本』 上·下, 제이앤씨, 2010년 7월

③저서 : 『수신하는 제국』, 제이앤씨, 2004년 11월

편자소개(원문서)

박경수 朴京洙

소속 : 전남대 일문과 강사, 일본근현대문학 전공

대표업적 : ①논문 : 「『普通學校國語讀本』의 神話에 應用된 <日鮮同祖論> 導入樣相」,
『일본어문학』 제42집, 일본어문학회, 2008년 8월

②논문 : 「임순득, '창씨개명'과 「名付親」-'이름짓기'에 의한 정체성 찾기-」
『일본어문학』 제41집, 일본어문학회, 2009년 6월

③저서 : 『정인택, 그 생존의 방정식』, 제이앤씨, 2011년 6월

사희영 史希英

소속 : 전남대 일문과 강사, 일본근현대문학 전공

대표업적 : ①논문 : 「일본문단에서 그려진 로컬칼라 조선」, 韓國日本文化學會, 「日本文
化學報」 제41집, 2009년 5월

②저서 : 『『國民文學』과 한일작가들』, 도서출판 문, 2011년 9월

③저서 : 『제국일본의 이동과 동아시아 식민지문학』1, 도서출판 문, 2011년
11월

朝鮮總督府 編纂 (1930~1935)

『普通學校國語讀本』第三期 原文 下

(五, 六學年用; 卷九~卷十二)

초판인쇄 2014년 2월 20일
초판발행 2014년 2월 28일

편   자 김순전 박제홍 장미경 박경수 사희영 공편
발 행 인 윤석현
발 행 처 제이앤씨
등록번호 제7-220호
책임편집 김선은
마 케 팅 권석동

우편주소 132-702 서울시 도봉구 창동 624-1 북한산현대홈시티 102-1106
대표전화 (02) 992-3253(대)
전   송 (02) 991-1285
홈페이지 www.jncbms.co.kr
전자우편 jncbook@hanmail.net

ISBN 978-89-5668-552-6 94190   정가 31,000원
      978-89-5668-613-4 (전3권)